爱上北京的100个理由

衣彩天——等著

北京大学出版社
PEKING UNIVERSITY PRESS

图书在版编目(CIP)数据

爱上北京的 100 个理由 / 衣彩天等著. —北京：北京大学出版社，2021.8

ISBN 978-7-301-32358-8

Ⅰ. ①爱… Ⅱ. ①衣… Ⅲ. ①文化史—北京—青少年读物 Ⅳ. ①K291-49

中国版本图书馆 CIP 数据核字(2021)第 148304 号

书　　　名	爱上北京的 100 个理由 AISHANG BEIJING DE 100 GE LIYOU
著作责任者	衣彩天　等著
责任编辑	胡利国
标准书号	ISBN 978-7-301-32358-8
出版发行	北京大学出版社
地　　　址	北京市海淀区成府路 205 号　100871
网　　　址	http：//www.pup.cn
新浪微博	@北京大学出版社　　@未名社科-北大图书
微信公众号	ss_book
电子信箱	ss@pup.pku.edu.cn
电　　　话	邮购部 010-62752015　发行部 010-62750672 编辑部 010-62753121
印　刷　者	北京宏伟双华印刷有限公司
经　销　者	新华书店 890 毫米×1240 毫米　32 开本　10.875 印张　294 千字 2021 年 10 月第 1 版　2021 年 10 月第 1 次印刷
定　　　价	58.00 元

未经许可，不得以任何方式复制或抄袭本书之部分或全部内容。
版权所有，侵权必究
举报电话：010-62752024　电子信箱：fd@pup.pku.edu.cn
图书如有印装质量问题，请与出版部联系，电话：010-62756370

To Deeply Cherish the Memory of
Professor Xiao Dongfa,
with Our Love and Appreciation

谨以此书向肖东发先生
致以学生们崇高的敬意
您在烈日下带我们游胡同的背影
您挥汗如雨讲述故宫故事的身影
您对首都北京的热爱
深深地影响了我们

北京历史文脉是中华民族传统文化的集中体现

（代序一）

北京作为世界闻名的古都，拥有3000多年的建城史、860多年的建都史，承载着丰富的历史文化遗产。老舍在《想北平》里深情表白："我所爱的北平不是枝枝节节的一些什么，而是整个儿与我的心灵相黏合的一段历史，一大块地方，多少风景名胜，从雨后什刹海的蜻蜓一直到我梦里的玉泉山的塔影，都积凑到一块，每一小的事件中有个我，我的每一思念中有个北平，这只有说不出而已。"

北京的历史、地位决定了它具有异常丰富的文化内涵和独特的研究价值。在全世界范围内，很少有哪个城市能与北京相比。北京有众多的文物古迹，寺观庙宇、街巷胡同、古典园林、名人故居、四合院，这些都使北京历经千锤百炼，成为一座世界著名的历史文化名城。毫不夸张地说，北京的历史文脉是中华民族传统文化的集中体现。

我们编辑出版这本书，就是要以北京为切入点，传播传统文化，将人们眼中"爱北京的理由"及其相关的人和故事展示给读者，展现一个更全面、更立体、更真实的北京，并且会激发起我们中国人和海外华人华侨爱祖国爱北京爱家乡的伟大情怀。

本书的特点是有古、有今、有景、有物、有人、有情。

北京是熟悉了解中华传统文化最好的切入点，是传承和践行社会主义核心价值观最好的教材。中国的传统文化源远流长，博大精深，至今犹有巨大的魅力。北京的建筑、园林、民俗、教育、戏剧等诸多方面底蕴深厚，浸染于中国几千年的文明，颇具特色。它充分展现出古人"和而不同""天人合一""仁义礼智信""中庸之道"等各种价值观。

千年古都，京华烟云。千百年来中国人对这个都城有着复杂的情感，未曾踏足过的人愿意倾听这片土地上发生的事，而生长在京城里的人更应该详细了解每一滴水、每一寸土。当代北京的建设强调的是：如何用好这张拥有丰富历史文化遗产的金名片，传承保护好这份宝贵的历史文化遗产；要本着对历史负责、对人民负责的精神，传承历史文脉，处理好城市改造开发和历史文化遗产保护利用的关系，切实做到在保护中发展、在发展中保护。

那么，北京的历史文脉有哪些？如何建设一个传统文化与现代文化交相辉映的历史文化名城？如何延续文脉、承载乡愁，让海峡两岸和世界各国的人们更加熟悉和热爱北京？让我们在思考中追寻北京的气质与胸襟。

尽管之前已有很多书，以不同的视角、不同的笔触描写过北京的吃食、北京的段子、北京的名人、北京的建筑，但是本书不仅仅是一本随笔集，也不仅仅是一本旅游指南。它从年轻人的视角出发，满足都市人的怀旧需求与精神趣味，用生动活泼的语言、图文并茂的形式，来讲述北京的历史和文化，提供了更为丰富的阅读体验。

这本书既是为了展示老北京的风土人情，表现北京在国际化进程中蓬勃发展的态势，也是为了呼吁读者保护老北京，保护这里的建筑与文化，保护这座城市的"京味儿"。北京在城市化快速发展的过程中，"京味儿"也在逐渐变淡。高楼大厦代替了传统的胡同和四合院，现代化的商业街代替了"老北京"记忆中的

"大栅栏"。尽管如此,北京在建设成为现代化大都市的同时,也不能失去原有的历史文脉。

  也许,你是个地地道道的北京人,生在北京城,长在北京城;

  也许,你从家乡来到北京,这座城市见证了你的奋斗。

  曾看过一座城市的风景,是否听过一座城市的旋律?

  现在,请闭上眼睛,用心灵倾听一座城市的乐音。

  小贩在街边儿吆喝着冰糖葫芦的甜,老爷子在胡同儿里一住就是六十年。

  即使京片子越来越少,即使胡同儿都拆了又建,即使豆汁儿真不太好喝。

  岁月变迁中,北京的韵味像京胡弦语一样悠长。

  这就是我们所爱的大北京,彼时彼城歌不尽。

北京大学新闻与传播学院 肖东发教授

2016年3月22日

北京城的水系滋养出的北京文化
（代序二）

　　北京城的历史发展依靠着两大水系：元代之前的两千年，是永定河水滋养了北京城；元代之后的一千年，大运河则发挥了重要作用。

　　在流经北京的各河流水系中，最大的、最古老的是永定河。永定河的源头主要有两个：一个发源于山西省宁武县的管涔山，管涔山天池的水流下来，一支向南流去，形成了山西的母亲河汾河，另一支向北，进入朔州之后称为桑干河；另一个是内蒙古兴和县的西洋河，西洋河一路向东进入河北省，在怀安县与东洋河、南洋河汇合，成为洋河。桑干河与洋河于河北省怀来县汇合后形成的河流，称为永定河。永定河进入北京门头沟，从石景山的西侧流过，然后经丰台、房山、大兴汇入天津海河，至塘沽注入渤海。

　　在元代之前的两千多年间，北京城的重心始终在西南部，靠永定河水的哺育和滋养而存在和发展。许多文化遗迹也留在了这里，如有1700年历史的潭柘寺、1400年的戒台寺、1200余年的灵光寺、1000多年的龙泉寺。

　　元朝灭金时，金殿毁于战火，成为废墟。如何建设新都？忽必烈把这个重要任务交给了两个重要人物：刘秉忠和郭守敬，一个制定城市规划，一个谋划城市水网布局。他们对北京的中心重新设计，放弃对永定河的依赖，确定以什刹海的东岸为中轴线，重新打造元大都的中心城建。从京北昌平白浮泉引水进京，汇集

沿途的泉水和支流注入颐和园昆明湖，经高梁河流至西直门水关，再经积水潭、沙滩、皇城东墙外北河沿、正义路、东便门入通惠河，继续向东20公里到通州，进入北运河。全长82公里。

元朝建立的元大都，形成了以大运河为北京城市生活重心的格局。明代时，朱棣在元大都基础上，对北京城进行了一番扩建，都城的气派进一步彰显。清军入关40年后，天下已彻底平定，康熙便开始大兴土木，于北京城西北修建三山五园。天下奇石异木，皆通过水运到达京城。

应该说，各个历史阶段都曾在这里留下了特有的文化痕迹。先秦的幽燕文化，造就了北京人粗犷豪爽、任侠尚武、慷慨悲壮的特点。它构成了北京文化的源头。在汉晋之后的千余年中，北京文化呈现了多元混杂、民族融合的特点。从元朝开始，北京文化走向了中华民族历史舞台的中心。经过明清，北京的文化更加包容、多元。

新时代提出的"绿水青山就是金山银山"，要规划好一个城市的绿化，就必须注重它的水系建设；要发展好一个城市的人文，就必须注重它的水系滋养的文化建设。今天，从航运角度看，运河已经退出了历史舞台。但是，各个历史阶段水系滋养城市文化都在北京留下了特有的文化痕迹。只是时间越久远越模糊，越靠近越清晰。而在《爱上北京的100个理由》一书中，我们可以找回那些历史文化的痕迹，我们可以更加了解北京的城市发展轨迹，我们可以更加知晓北京精神形成的印迹，我们也将更加热爱北京的城市、文化与精神。

李建臣，清华大学毕业，中国作家协会会员；中国科普作家协会会员；中宣部一级巡视员，文改办副主任。

爱上北京的 100 个理由

100 Reasons to Fall in Love with Beijing

策　划：肖东发　张文红

统　筹：衣彩天

衣彩天、姚怡云、方日金等著

编　委：王雨濛　沈於婕

总　撰：衣彩天

摄　影：衣彩天　金允木　黄英俊

部分图文撰稿：
　　　　谢　宁　路　璐　王　琪　宋子节　廖　菁　龚恋雯
　　　　朱垚颖　李洪胜　韩　霜　黄　镭　纳　菡　王　超
　　　　王泽华　卓　晗　邓　筱　魏兆阳　周　晋　陈　雪
　　　　李维维　李蕊妙　陈佳鑫　刘　弢　王丹丹　孙　杰
　　　　杨尚骥　李思源　潘婧瑶　赵春燕　夏　坤　刘素素
　　　　郭婉卿　侯奇江　张　涵　凌杉杉　李梦迪　王也文
　　　　胡元瀞　郭永沛　任真如　李宜轩　王　铭　周绒涛

个别图片提供：
　　　　张启森　周绒涛　刘思洋　库月皎　程怡彬　刘晨旭
　　　　金允木　黄英俊　姚怡云　方日金　王　濛　沈於婕
　　　　吕诗诗

图片剪辑：衣彩天

CONTENTS 目录

一 大气醇和爱北京

1. 寻找北京文脉根 / 003
2. 历史悠久三千年 / 005
3. 五朝古都地位升 / 007
4. 北京风水甲天下 / 009
5. 城市布局合易理 / 011
6. 四九城门有讲究 / 014
7. 大气包容北京人 / 018
8. 古都风貌长留存 / 020
9. 熔古铸今建北京 / 023
10. 北京精神代代传 / 026

二 皇室踪迹何处寻

11. 城中之城是故宫 / 031
12. 我爱北京天安门 / 035
13. 这里长城最宏伟 / 039
14. 世界之最十三陵 / 043
15. 皇家许愿在天坛 / 048
16. 皇家夏宫颐和园 / 051
17. 万园之园有圆明 / 055
18. 苑囿珍品为北海 / 058
19. 恭王府里书清史 / 061
20. 人间仙境燕八景 / 065

三 胡同四合百姓情

21. 四合院里有规矩　／071
22. 繁华商业"大栅栏"　／074
23. "砖塔胡同"六百岁　／077
24. "灵境胡同"成大街　／080
25. "东交民巷"中西汇　／083
26. "南锣鼓巷"故事多　／085
27. 钟鼓楼上听时光　／087
28. "什刹海"的"黄包车"　／089
29. "庙会"异乡不是客　／093
30. "会馆"云集八方客　／096

四 市井百态图一乐

31. 京话京腔"京片子"　／101
32. 艺人天桥"八大怪"　／104
33. "玩"鸟养鱼斗蛐蛐　／107
34. "兔儿爷""糖人"手艺活　／110
35. 淘古玩地"潘家园"　／113
36. 书画文玩"琉璃厂"　／115
37. 穿衣有范"瑞蚨祥"　／118
38. 复古"潮鞋"内联升　／120
39. 茶香沁心"吴裕泰"　／123
40. 御用药房"同仁堂"　／125

五　宗教胜迹余音绕

41. 京都第一寺"潭柘" / 129
42. 巨刹红螺1600多岁 / 132
43. "云居"四绝肉舍利 / 137
44. 法源一寺悯天下 / 141
45. 京味牛街礼拜寺 / 143
46. 汉藏同在碧云寺 / 147
47. 航拍法海千年松 / 151
48. 第一教堂为南堂 / 154
49. "龙潜福地"雍和宫 / 157
50. 北堂圣母穿皇服 / 164

六　名人故居隐于市

51. "文天祥祠"正气长 / 169
52. "郭守敬馆"治水功 / 172
53. 忠烈护京"于谦祠" / 175
54. "袁崇焕祠"埋忠魂 / 178
55. "曹雪芹馆"梦《红楼》 / 182
56. "詹天佑馆"建铁路 / 184
57. "启超故居"传文化 / 189
58. "蔡元培居"树新风 / 192
59. "徐悲鸿馆"画骏马 / 195
60. "宋庆龄故居"藏风华 / 197

七　文化学府仙人游

61. 太学孔庙进士碑　/ 203
62. 世界第三国图馆　/ 205
63. 世界第一大国博　/ 207
64. 北京导游首博馆　/ 209
65. 京范儿博物馆各千秋　/ 212
66. 北京大学大风骨　/ 215
67. 清华大学名远扬　/ 218
68. 四大书店树地标　/ 220
69. 独立书店栖灵魂　/ 224
70. 老舍故居纪念馆　/ 227

八　艺术邂逅雅俗赏

71. "鸟蛋"明珠大剧院　/ 231
72. 京剧尽在"梅"剧院　/ 234
73. "北京人艺"话京事儿　/ 236
74. "资料馆"里看电影　/ 239
75. 京式幽默听相声　/ 241
76. 文艺先锋798　/ 245
77. 原创阵地在宋庄　/ 249
78. 设计印艺韩美林　/ 251
79. "粉丝狂欢"文体馆　/ 254
80. "无须音乐"的音乐节　/ 256

九　饕餮美食舌尖上

81. 疯狂小吃"老北京" / 261
82. "北京烤鸭"戒不掉 / 264
83. 乾隆赞的"都一处" / 266
84. 点心匣子"稻香村" / 268
85. 涮肉讲究东来顺 / 271
86. 皇家享受在"仿膳" / 274
87. 麻辣"簋街"夜天堂 / 278
88. 酒香悠悠"二锅头" / 280
89. 尝遍全国"驻京办" / 282
90. 世界美味全都有 / 285

十　未来北京更可爱

91. 京津冀的大格局 / 295
92. 城际铁路通八方 / 299
93. 创业孵化中关村 / 303
94. 大众创新来北湾 / 306
95. 数字出版科技范 / 308
96. 奥运鸟巢新名片 / 310
97. 动脉地铁密如网 / 314
98. 文化产业展新翅 / 318
99. 想说爱"北"不容易 / 320
100. 未来北京，你续写 / 324

参考文献 / 325
跋 / 329

一、大气醇和爱北京

北京的历史如果从周口店的"北京猿人"算起,至今已过70万年。早在4600年前的传说时代,黄帝发动涿鹿之战与阪泉之战的战场就分别在北京的西北部和东北部,说明此乃兵家必争之地。北京的地理位置从全国来看,确实是首屈一指,可以说:北京风水甲天下,有一个难得的"北京湾"。

北京,历史上曾被称为燕、蓟、金中都。北京从周武王克商封召公于燕(约前1046年)算起,建城已有3000多年,从金代海陵王迁都于"金中都"(约1153年)至今,建都也有860多年。这在世界上是罕见的。北京从陪都辽南京,到金中都,再到元大都,北京的地位是不断上升的;至近代,北京的政治中心、文化中心更是不断地得到强化。北京地区不断有考古发现,深厚的历史底蕴不断积淀,再到成为五朝古都,既有连续性,地位不断上升,又有辐辏性、集大成性和包容性,最能代表中国文化的传承。纵观历史发展脉络,北京成为共和国的首都是历史发展的必然,也是文化融合的结晶。

1. 寻找北京文脉根

北京有厚重的历史积淀，有四平八稳的城市建筑，有温和敦厚的人情风貌，有内涵丰厚的人文底蕴，有吸纳八方的气度胸怀，可以说，北京最能代表中国。北京城的文脉最能体现中国的精神。

北京的文脉，是由众多可见的历史文物印迹与无形的非物质文化遗产构成的。以中轴线及其延长线为中心的北京"龙脉"，构成了北京文化地理的有形的文脉，画出来就是一幅北京的清明上河图，演奏出来就是一部文化交响曲。以紫禁城为代表的皇城建筑，以三山五园为代表的皇家苑囿，以"里九外七皇城四"为代表的城门文化，以前门大栅栏、西单、王府井为代表的商业文明，以南锣鼓巷、烟袋斜街为代表的胡同文化，还有以地坛、厂甸、龙潭湖庙会为代表的市井民俗文化，构成了北京多样融合的城市文脉。这些文物和非物质文化遗产，是历史留给中华民族的珍贵的艺术瑰宝，是形成北京集体记忆的"内层"与"内涵"，是北京文脉的"根"。

作为京畿之地，它拥有一个大国首都全部的功能，包括朝仪、礼制、祭祀、行政、文化教育、宗教、后勤保障、作坊、仓储、警卫、娱乐、家居、市井商贸、金融与服务等，所有这些功能都有相应的建筑系统，每个建筑系统里有相应的典章制度和操作规范。

老北京的历史传承和文化积淀，底蕴厚重，内容丰富，形式多样。皇家文化、官场文化、士林文化、庶民文化和市井文化，带有浓郁北方特点的民俗文化和民族文化,以及几乎在京城才独有的会馆文化和科考文化,它们共同融汇组成了北京的历史传统文化。这种厚重的历史及文脉为北京造就了得天独厚的优势。在2008年北京奥运会期间,外国人最想感受的北京形象诸要素中,文化名列第一,远高于社会、政治和经济要素,占77.8%。在中央批复的《北京城市总体规划(2016年—2035年)》文件中,确定北京城市定位为:政治中心,文化中心,国际交往中心,科技创新中心。

北京城市定位

见于2016年—2035年北京城市总体规划展

2. 历史悠久三千年

北京历史悠久,古迹众多,内涵深邃,系统完备,举世无双,是展示中华民族传统文化最有代表性的宝库和立体博物馆。

"北京人",这是一个多义项的概念,其中之一就是生活在距今约70万年前至20万年前的周口店的"北京猿人",人类学称为"北京直立人",俗称"北京人"。第一个完整的"北京人"头盖骨化石就是在周口店的龙骨山东北坡最大的洞穴"猿人洞"中发现的。

"北京人"保留了猿的某些特征,使用打制石器,已会使用天然火,过着群居的生活。北京人遗址出土了丰富的古人类化石、石器和用火遗迹。遗址这一带的低平小山主要由遇水易溶解的石灰岩构成,经过千百万年的溶蚀形成了许多溶洞和裂隙,"北京人"的遗骨、遗物与洞顶塌落的石块、洞外流入的泥沙,在洞内形成厚达40余米的堆积层。在这里,考古工作者先后发现五个比较完整的北京人头盖骨化石、200余件猿人化石、近10万件石器,大量的用火遗物以及近200种动物化石等。部分文物陈列在周口店遗址博物馆中。

北京猿人

"北京人"打制石器场景

能够制造和使用工具是人类发展历史上的重要飞跃，是人与动物的根本区别。在"北京人"住过的山洞里有很厚的灰烬层，最厚处达 6 米，2015 年考古发现大量的原地烧结土、烧石、烧骨等古人类用火遗物、遗迹。这些遗迹都表明"北京人"已经拥有会使用火和保存火种的能力。

北京的历史绵延数千年，建城已有 3000 多年，而且地位不断上升，不断发展。史书上有记载，在周武王克商，把商纣王打败的第二年，就封他的弟弟召公奭于"燕"这个地方，这个遗址在房山琉璃河，在周朝就已经有一个小城了。把黄帝的后裔封于蓟，则在广安门一带。难得的是北京城的历史一脉相承，从未中断。北京作为一座有 3000 余年建城历史、860 余年建都史的历史文化名城，不仅积淀了文明与沧桑，而且展现出包容开放的姿态。

北京的历史、地位决定了它具有异常丰富的文化内涵和独特的研究价值。在全世界范围内，很少有哪个城市能与北京相比。文化学者们常说博物馆是城市的文化名片，北京拥有全国最多的实体博物馆。至 2016 年底，北京市登记在册的博物馆就有 175 座之多。这也从一个侧面反映北京历史文化遗产之雄厚。

3. 五朝古都地位升

考证北京古都史,要先看中国建都史,中国是世界上迁都最频繁的国家。最早夏商二代都城是在晋南豫西,那时一个朝代的都城要换七八处地方。有史迹文物可考的夏朝晚期都城是河南偃师二里头,商朝早期在郑州、晚期在安阳;从周朝到唐朝中间一大段时期,都城的选择在西安和洛阳之间拉锯;五代、北宋时期设立在开封,却因无险可守,总想迁都。

至辽代建都为上京,会同元年(938)耶律德光得了幽云十六州后,升幽州城为陪都"幽都府",建号南京,又称燕京。那时候北京还只是一个陪都,那么什么时候才成为正式首都呢?

金灭辽以后,占领燕京。金主完颜亮于贞元元年从黑龙江阿城迁都,改燕京为中都,正式将其定为国都。这一年是公元1153年。元代统一中国以后,于至元九年(1272),改中都为大都,定为首都,从此就有了世界闻名的元大都。明朝,一开始都城在今天的南京,很快朱棣就夺了建文帝的权,迁都北京,直到后来明清的24个皇帝,都住在北京紫禁城。

从陪都辽南京,到金中都,再到元大都、明清北京,北京的地位不断上升,至近代民国北洋军阀统治时期,北京的政治中心、文化中心地位更是不断地得到强化。

1949年新中国建都的时候,有四个城市候选:北京、南京、武汉、郑州,最后,选定北京,是众望所归,也是历史连续性、心理稳定性、民族向心力和凝聚性的反映。

北京城地位演变图

见藏北京市规划展览馆

　　北京作为辽金元明清的五朝古都和新中国首都，有着极其深厚的历史积淀和文化底蕴。这样的文化底蕴，不仅要继承，还要弘扬创新，不仅要传承后代，还要走出国门。

4. 北京风水甲天下

北京的地理位置从全国来看，确实是首屈一指，有一个"北京湾"。

中国地理大势西北高，东南低。西北边是昆仑山、天山等高大山脉，东部面向大海。昆仑山是中国一条大的龙脉，主脉是往东往南，像龙爪一样奔向东南。中国地势可分为三级阶梯：第一阶梯就是青藏高原，第二阶梯为云贵高原、黄土高原、内蒙古高原，第三阶梯是长江中下游平原、华北平原和东北平原。北京正好处在第二阶梯和华北平原的交界处。北京的西、北、东三面为太行山和燕山山脉，中间是永定河、潮白河冲积平原，远古

北平城与北平湾地理图示
侯仁之著《北平历史地理》

时曾是一个大的海湾，地理学上称为"北京湾"。地势非常好，前有水，后有山，也就是"前有照，后有靠"。

很多形容北京地势的文字都是这样描述的：北枕居庸，西拥太行，东连山海，南俯中原。北面是内蒙古高原，西边是黄土高原，东面接近渤海，南面衔接华北大平原，地势西北高而东南

低，和整个中国的地势一样。

历史上，早有人看出北京风水的非凡。先是唐代风水师杨益说北京"……真天下都会。形胜甲天下……"宋代理学家朱熹也认为"冀都（北京）正天地中间，好个大风水。"他不是从绝对地理角度发此议论（绝对地理概念的正中央应是西安、郑州或者武汉），而是就风水而言的，综合考虑。从风水上讲，他认为嵩山是北京的案山，东边青龙泰山，西边白虎华山，五岳都成为北京好风水的有机构成。北京前有水，后有山，同样满足"前有照，后有靠"的风水原则。

元朝秉承"上克前朝"的思路，毅然放弃位于莲花池地区的辽金旧城，在东北方建立了元大都新城。新城以"水源确定北京城中心点，龙脉确定北京城中轴线"的思路，确定北海一带为新城中心，进行城建。

明灭元后，也想把北京城中轴线东移。元、明两朝都是想把前朝国都压向西方——我们知道，五行中西方主死，他们是希望旧朝永不复辟。有人也提出北京偏北偏险，离北方少数民族太近，面临着前线。但是我们肯定永乐皇帝的迁都，当然他有自己的考虑，他的根据地就在北京，而且他死了之后就埋在十三陵，北京城区的西北，这就是一个气魄——永乐皇帝相信：我的子孙后代会守住这个地方，不会让北面之敌给我挖尸掘坟。

清朝八旗布防也体现了中国传统的五行生克观：南属火，蓝是水，南边是正蓝旗、镶蓝旗，布防意为水克火；东属木，白是金，东边是正白旗、镶白旗，为金克木；西属金，红是火，西边是正红旗、镶红旗，为火克金；北属水，黄是土，北边是正黄旗、镶黄旗，为土克水。可见北京建城是一个注重风水文化的城市。

一、大气醇和爱北京

5. 城市布局合易理

我们看遥感图，你会发现北京城方方正正，像个品字形大棋盘。当年虽然没有热气球、飞机，居然这个城市设计得就这么难得的准确：北京城画一个圆，内城的圆心是景山，它不仅在南北中轴和东西中轴的交叉点上，内城打一条对角线的话中心也是景山。

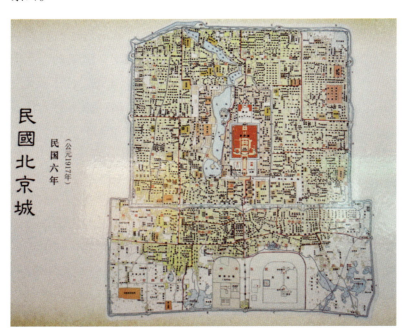

明清北京平面设计图

（编者注：对角、中轴、圆心点为景山）

见侯仁之著《北平历史地理》

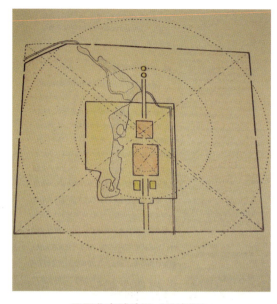

民国北京城地图（品字图）
见藏北京市规划展览馆

再看景山前的朝阜大街，从朝阳门到阜成门，和长安街是平行的。有时间可以去景山的万春亭上看一看北京的这两条中轴线，东面不远就是老北大旧址，京师大学堂，红楼。当然你也能看到北京的街道主干线太少，堵车的问题似乎是先天的，胡同太窄，一般都是六步、九步宽，十二步就算大街。街道网状太稀，但是方方正正的，棋盘形的，两纵两横，从雍和宫大街到崇文门，这是新街口到西四西单宣武门，这是两纵。两横呢，北面一条是平安大街，比较突出的一条街；那朝阜大街南面一条就是长安街了。

我们还会发现：北京中心有两条龙：一条是木龙，一条是水龙。木龙是中轴线的建筑群，黄色的琉璃瓦。而水龙，南海是龙头，中海、北海是龙身，前海、后海和西海是龙尾，蜿蜒像条龙，加上国家大剧院就像水龙戏珠。为什么北京管湖都叫海啊，因为元朝时蒙古人叫湖泊为"海子"。

紫禁城的建筑整个和《周易》是相符合的。比如乾清宫前边的广场，前边为外朝，后边叫内阴，外边是阳，里边是阴，阳中之阳是太和殿，阳中之阴是保和殿。阴中有阳，就像太极图里黑的里面有个大白点，阴中之阳是乾清宫，阴中之阴是坤宁宫，与鬼神通气，供着很多牌位，萨满教跳大神，宰大黑毛猪，吃白条肉。能在"坤宁宫吃肉"也是一种地位的象征，高级别待遇。最北面的御花园里的每一处设计也都符合《周易》。

北京城的木龙与水龙

见藏北京市规划展览馆

爱上北京的 100 个理由

6. 四九城门有讲究

北京城的设计布局，集中体现了中国几千年城市建设文化的精髓。

城市中心是"紫禁城"，是皇帝上朝及其家眷生活的地方。紫禁城坐北朝南，最南端的前门叫午门，后门叫神武门，两侧叫东华门和西华门。紫禁城外边相邻的一圈是"皇城"，皇城的前门叫天安门，其他几个门分别是地安门、东安门、西安门，都带"安"字，取皇城平安、外安内和之意；皇城外面是内城，南边有正阳门、崇文门、玄武门（今宣武门），北边有安定门、德胜门，西边有西直门、阜成门，东边有东直门、朝阳门。到了明朝嘉靖年间，北京又修建了外城。

北京城有一条重要的中轴线，南起永定门，北到钟鼓楼，长7.8 公里。2008 年北京奥运会时，通过改造建设，中轴线向南北延伸，南到大红门，北到以仰山为中心的奥林匹克公园，形成了全长 25 公里的新中轴线。北京的中轴线就像一支"交响乐曲"，演奏从郊外悄悄地开始，经永定门、前门大街、五牌楼、正阳门、天安门、端门、午门，到太和殿、中和殿、保和殿三大殿达到音律高潮点，然后经过乾清宫、交泰殿、坤宁宫，出神武门，到景山奏响最高音，再穿过地安门到钟鼓楼，中轴线之音极富节奏和起伏。北京这条中轴线之景，也可以从京都的清明上河图画卷的角度来理解。

北京市因为先有内城后有外城，所以就形成一个"凸"字形，有 4 个城，24 个门，最中间是紫禁城，然后是皇城，再然后是内城、外城。"里九外七皇城四",说的是内城是9个城门,外城有7个城门,皇城有4个城门。

先说外城,正门是永定门,然后是左安门、右安门,然后是广渠门、广安门,当年袁崇焕守卫的就是广渠门,清皇太极绕过山海关直奔这儿,在广渠门开战。然后还有东便门和西便门,东便门很好记,老北京火车站火车刚一进北京城的时候就是必经东便门的角楼。西便门没有了,后来硬搭建了一个很不像样的门。永定门东边是天坛,西边是先农坛,先农坛是皇帝表演耕种的一亩三分地,那里有古建筑博物馆。

接下来说内城的城门文化。

内城正门是正阳门,俗称前门,众阳之宗,人君之象,是最高的门,基本保存下来了。正门洞平时不开,与天安门中间门洞相连的大道,称为"御道",是供皇帝专走之路。除皇帝外,还有两种人可以有机会顺着一个方向走一次。一种人是皇后,可以从前门进去走大清门,其他嫔妃只能走紫禁城后面的神武门;另一种人是殿试考取的状元,可以从保和殿走到前门出。正阳门门前的三桥五牌楼正对前门大街,通向天桥和天坛永定门,是老北京中轴线南半段。

崇文门位于正阳门以东,也称哈德门、海岱门。崇文门税关最富有,是京师总税关所在地,"京师九门,皆有课税,而统于崇文一司",慈禧太后的部分开销和民国大总统的工资都出自此。据说,护城河桥下有一海眼,为保百姓平安,弄个铁龟给镇住,就是声名远播的崇文铁龟。

宣武门位于正阳门以西,由于通往菜市口的刑场,走囚车,俗称死门,有"后悔迟"之说。清雍正朝年羹尧住在这附近,虽说雍正皇帝夺权,文靠隆科多、武靠年羹尧,结果这俩人都没得好死,败家灭门了。老北京话有"正阳门,连西东,左亡明,右亡清"。崇文灭崇祯,宣武灭宣统。

阜成门在内城西面，进出城门的多为从京西门头沟运煤的车辆，在阜成门城门洞里刻有一束由煤商镌刻的梅花，因为"梅"与"煤"谐音，寓意着"梅花报春"之意。

西直门在内城的西北方向，专走玉泉山的水车，有"西直水纹"之说。现在的西直门因所建设的西直门立交桥如同迷宫，常被网友吐槽。

段子一，爱情版

男问：你们觉得北京最浪漫的地方是哪里呢？

女答：当属西直门桥，因为让我们绕到地老天荒。

段子二，调侃版

今天开会，销售部门副总教育一名年轻的同事说，我走过的桥比你走过的路还多。另一个副总嘀咕道：那是因为你经常在西直门桥迷路，绕的。

段子三，搞笑版

某人从西直门地铁出来，他要去明光村，没赶上末班车，打车也没打着，就想着反正就两站地，就走回去呗。他就按着路一直走，一直没拐弯地朝着明光村方向走啊走，结果就走到德胜门桥了……

虽然西直门立交桥常被网友吐槽，但是也能看出今日的西直门依然还是出城入城的重要路段。

德胜门是内城北面偏西的位置，也是过去抗击北方侵略出兵的大门。明英宗时兵部尚书于谦"北京保卫战"就发生在这里。至今箭楼尚存，内有滚木礌石和火炮，依稀可以想见当年鏖战的情景。安定门在内城北面偏东的位置，朝廷是出兵走德胜门，回来走安定门，寓意旗开得胜、天下安定。九门的瓮城中均建有庙宇，共计关帝庙八座，观音庙和真武庙各一座，合为"九门十庙"。而九门中唯一的真武庙就在安定门，故名"安定真武"。

东直门地处城东北方,远通东北,多走木材车。朝阳门曾叫"齐化门",门内刻有谷穗,因为通向通州大运河,多走粮车,故有"朝阳谷穗"典故。

北京城的建设布局也得到了世界的公认,一位丹麦艺术大师曾说,"整个北京城的平面设计均匀而明朗,是一个卓越的纪念物,一个伟大文明设计的顶峰。"还有一位英国人曾说,人类最伟大的一个个体工程就是北京。瑞典学者喜仁龙在1924年到北京之后被迷住了,他专门研究、拍摄、描画北京的城墙和城楼,写下一本专著《北京的城墙和城门》。

7. 大气包容北京人

北京文化的最重要的体现是北京人,通过北京人可以看到北京的精气神。老北京人的形象,可以用"平静安详、宽和礼让、恬淡闲散、诙谐幽默、不紧不慢"来形容,透着大气包容之感。

北京人的性格较为复杂,既有优点也有缺点,以下几个关键词就能勾勒出一个大概来。

关键词一:热情

作为一座国际化大城市,北京每天都有无数来自四面八方的人穿梭其中,北京人作为这座城市的主人,热情地接待着来自世界各地的朋友。北京人是热情的,乐于助人是他们的美德之一。就以问路为例,北京人会非常热心地告诉你如何到达你的目的地,尤其是老年人,还会和你聊上一阵子,如果不远的话,没准儿还会带你过去。北京人以一种豪爽热情的态度来对待别人。

关键词二:幽默

幽默可以说是北京话的一大特点,京味儿土话中处处透着幽默。幽默说明北京人的一种乐观的生活态度,也是北京人智慧的体现。幽默的言语不仅使表达变得活泼贴切,也使生活变得更加和谐。北京人的幽默不仅体现在日常生活中,还形成了一种写作风格——京味儿文学,老舍、王朔等作家都以幽默见长。幽默是北京人的语言艺术,也是北京文化中的一笔巨大财富。

关键词三:友善

北京人注重"人情味",人与人之间维持着友善的人际关系,老北京的大杂院中，几户人家生活在一起，相互扶持，相互照顾，彼此间的感情十分和睦，像一家人一样，这与大杂院那种特殊的生活环境密切相关，大家生活在同一空间中，抬头不见低头见，很容易产生感情。四合院作为维系和睦人际关系的纽带，其作用是楼房住户所不能取代的。四合院这种古老的京式住宅成就了北京人友善的人际关系。北京人的"人情味"友善而亲切，最怕的就是"见外"。

关键词四：关心政治

北京人具有极高的政治敏锐性。北京长期作为政治中心，使北京人养成了一种政治热情。对政治的关心，北京人在全中国可以说是排第一的。政治热情激发爱国热情，促使人们了解世界，这使得北京人知识丰富，眼界开阔。但它也有负面作用。在北京，你常常能发现小道消息流行，真真假假的"内部消息"让人捉摸不透。

关键词五：浮躁

北京人的语言十分幽默，同时也流于油滑、流于贫俗，"调侃"是北京人的一大爱好，由此也可以看出北京人的另一个缺点——浮躁。这会给人留下北京人做事不脚踏实地，说的多做的少，爱吹牛爱夸张，缺乏实干，真正做事的时候又心浮气躁，懒散拖沓的印象。

北京人的性格特点十分复杂，既有可爱之处，也有不让人喜欢的地方。譬如北京人的虚荣和自傲，骨子里来自首都人的优越感，自认为是天子脚下的宠儿，高人一等，觉得外地都不如咱北京，那外地人自然也比不上咱北京人。高人一等的优越感，是别人无法领会的。自傲会使人变得止步不前。首都的优越感给北京人的性格形成带来了巨大影响。希望北京人放低自己的优越感，发扬美德，摒弃劣根性，这样才不愧为北京这个首善之区的市民。

8. 古都风貌长留存

只有了解、熟悉北京,才能更加热爱北京。要想爱得深,就要了解得深,要了解北京文化底蕴,在建设北京时才能认识到保护古都风貌的重要性。梁思成说过:"我们承袭了祖先留下的这一笔古今中外独一无二的遗产,对于维护它的责任,是我们这一代人所绝不能推诿的。"

北平临近解放时,解放军特地在清华大学找到梁思成,请他在地图上画出北京城需要保护的古迹,以便攻城战役打起来的时候避开这些地点。梁思成如数家珍,一边画一边感动,感到解放军如此爱护文物。最难得的是,傅作义接受改编,没费一枪一弹,北平和平解放。和平解放的意义之一就是保护了城内的文物古迹。

老北京作为一座古都,就其面积之大,规划之完整,艺术构思之精妙而言,堪称世界之最:它以宏大辉煌的皇家建筑为主体,以低矮灰暗的大量民房为衬托,环以一座座巍峨、对称的城门和宽厚高大的城墙,极具雕塑感;外围,则东西南北轴线的延长线上又设有天地日月四个"坛",更赋予古城以艺术神韵和哲学意味。北

皇城古建屋脊

京的建筑艺术无疑是中国建筑史上的华彩乐章。这是无与伦比的，也是无可争议的。因此，作为古都的北京本身就是一件伟大的文物！我们有千万条理由保留它的历史原貌，维护它的长期存在。然而我们是有经验教训的，从新中国成立初期，我们就大肆地拆城墙，拆城门，造成了无法挽回的遗憾；现在，又以旧城改造和修建地铁的名义，对历史悠久的四合院、胡同进行破坏和拆除。

在城市开发热潮中，推土机的话语霸权正在进一步扩张。那些老胡同、旧四合院虽看似简陋，但却总能给人一种体味不尽的历史的文化的厚重感，新与旧对比越是鲜明，就越让人有一种古老与现实、历史与未来的断裂感。那许多毫无个性、与周边的老城环境又极不协调的摩天大楼，与其他乃至国外的城市区别在哪儿呢？正像梁思成先生所说的："每扒掉北京的一段城墙，就像剥掉我的一层皮，每拆一个牌楼就像抽我的筋似的。"就像我们在2000年就开始呼吁的：难道我们还要等到四合院、胡同都消失之后才扼腕叹息，后悔晚矣？城市改造的步伐可以放慢一些，对一些有重要意义的古文物的拆迁要三思而后行，不光要考虑经济利益，还要重视长远利益和文化价值。尽可能少地改造旧城以内的街区，并且尽可能多地保存与保护古城北京固有的空间轮廓与街道机理。把主要建设资金首先投放到北京旧城以外的新街区的建设与发展上，尽量将旧城中的人口吸引到经过认真规划与设计的，既具有时代特色，又有着丰富而便捷的商业、交通及教育、服务条件的新区。这样我们就能用同样的资金，既保存了旧城与旧街，又建设了一个真正的新城与新街，使北京多一些不同风味的文化休闲的好去处，这是更为明智的。

令人欣喜的是：我们的呼吁终于得到回报。在中央批复的《北京城市总体规划（2016年—2035年）》文件中，历史文化名城建设工作占到了举足轻重的地位，确立了坚持北京城建整体保

护的十个重点：保护传统中轴线、保护明清北京城"凸"字形城郭、整体保护明清皇城、恢复历史河湖水系、保护原有的街巷胡同格局、严格建筑高度管控、保护重要景观视廊和街道对景、保护老城传统建筑色彩和形态特征、保护古树名木及大树，细致而明确的要求，使老城的整体格局、传统风貌更加清晰，尤其明确提出"老城内不再拆胡同四合院，通过腾退、恢复性修建，做到应保尽保"。

9. 熔古铸今建北京

传承北京历史文化是要达到三个目的：一是新老北京人能够找到记忆中的老北京；二是能够在今天建设新北京时保持并发扬老北京的味道；三是能够做到新北京与老北京的有机融合、交相辉映。

北京风貌熔古铸今

见于 2016 年—2035 年北京城市总体规划展

谁也无法否认：北京积淀了数千年来无数中国人的光荣与梦想，中华文明中最深沉的品质和最光辉的理性都可以在北京找到浓缩的一页。过去我们舍本逐末，对北京最重要的最珍贵的东西视而不见。拆了城墙、牌楼、四合院和胡同，留下不少遗憾。今后的北京，不仅要建设成为中国的文化之都，而且要成为代表东方文化的世界文化之都。目前堪称世界文化之都的只有代表西方文化的巴黎、纽约和伦敦，代表东方文化的都市显然是北京，要超越东京和首尔。北京自2008年夏季奥运会、2009年新中国成立60年大庆以及2015年纪念世界反法西斯战争暨中国人民抗日战争胜利70周年大阅兵以后就成为世界上最耀眼的城市。2022年举办冬季奥运会将再放光芒。

现代北京大都市

见于2016年—2035年北京城市总体规划展

我们既然强调人文北京，显然不是局限于开放和开发新的人文旅游景点，更要让北京的市容市貌体现出中华文化的底蕴，让我们的城市建筑同时具有中国传统和现代特色。传承历史文脉，要处理好城市改造开发和历史文化遗产保护利用的关系，切实做到在保护中发展，在发展中保护。

北京规划首先要瘦身，减少人口。实现京津冀一体化，疏解非首都功能。从总体规划上，建立"两轴两带多中心"，从"同心圆""摊大饼"跳出来。从延庆经昌平、海淀，到门头沟、石景山，再到房山，建立西部生态带；同时将建设重点转移，从密云、怀柔、顺义到朝阳、大兴亦庄，从通州、廊坊直到天津，重点建设东部发展带，实现京津冀一体化发展。市区内弱化商贸功能，强化文化功能，北京市行政办公机构迁往通州新区，给旧城减负；大专院校、甲级医院和示范性高中也要疏散支援河北、天津新区，增加配套设施。这些正在实施的方案会给北京带来美好明天。

爱上北京的100个理由

10. 北京精神代代传

我们热爱北京，因为北京有文化，有精神。我们通过研究北京文化，传承北京精神。面对现实，面向未来，我们从中国传统文化当中学到优秀的价值观。文化和精神的力量能增强一个城市、一个国家的国际竞争力。2011年11月，北京市人民政府正式公布了"北京精神"——"爱国、创新、包容、厚德"。作为城市精神，它是对首都人民在长期发展建设实践过程中所形成精神财富的概括和总结，是社会主义核心价值观的直接体现，丰富了时代内涵，赋予了地域特色，提供了实践载体。北京精神是北京城市的魂之所系、神之所在，是全市人民的基本道德规范和共同精神家园，是深化改革发展的不竭动力。

"爱国"可以说是北京精神的核心，北京人最关心政治，忧国忧民、心系国家发展、具有"天下兴亡，匹夫有责"的家国情怀，爱祖国、爱人民、爱家园。北京的历史给我们展示了一幅幅动人的画卷，名士先贤给我们留下了一股浩然正气和一笔宝贵的精神财富。北京城有文天祥祠、于谦祠、袁崇焕祠等等。他们虽然原籍不是北京，但为保卫北京、保卫国家作出彪炳显赫的贡献并给后人留下宝贵的精神财富。北京城还有三条以抗日英烈命名的道路，分别是张自忠路、赵登禹路、佟麟阁路，我们用这样一种方式纪念我们的爱国将领。

"创新"体现了北京人与时俱进、积极进取的精神状态，凸显了以改革创新为核心的时代精神。中国人熟悉的阴阳鱼、太极图，特别强调创新与守成、守正之间的辩证关系。创新要注重守成、守正，不能舍弃传统和核心价值观。所以说创新不能离开守成、守正的底线，否则只会带来负面的效果。

"包容"充分反映了北京的宽广胸怀和开放心态，这是来自五湖四海的人们感触最深的一点。首都北京有容乃大，从有形的建筑景观到无形的社会风气以及两者兼而有之的各类文化。老北京人的形象是平静安详、宽和礼让、恬淡闲散、诙谐幽默、雍容大度、博采众长的精神境界，体现了尊重差异、和而不同、和谐发展的精神气度。

"厚德"强调的是弘扬北京优秀的道德文化传统，党的十七届六中全会明确提出了"发挥首都全国文化中心示范作用"的要求。北京东城有个织染局小学，该校创造性地提出"学会选择，善行天下"的校训，从善待自己、善待他人、善待社会、善待自然等多角度多层次构筑育人环境，在学校教学楼前立了几根善行文化柱，上面镶嵌了147个带善字的成语与词组，如上善若水、善解人意、乐善好义、择善而从等，还组织了"善行义务队"学

爱国：北京精神的首位

雷锋做好事。从小培养助人为乐等美德，以诚信、友爱、互助、奉献的社会主义道德新内涵，顺应人性之善，追求善的道德理想、善的伦理秩序、善的行为方式。所呈现的是人的思想行为符合内在的良知标准，努力塑造有德之公民，不断创造文明的社会。北京作为首都，在思想道德引领方面就是"首善之地"，应该成为全国的标杆，也是领先于其他城市的优势。所以，有人认为，把"首善"作为首都北京的精神也很有道理。

二、皇室踪迹何处寻

中国的历史从来不缺古都,虽然北京不是历史最久远、建都朝代最多的皇城,但却是众多皇城中最具影响力的一座。"三山八刹四平台""九坛八庙颐和园",北京的古典坛庙、皇家园林、帝王陵寝,无一不显露出巍峨的皇家气派。

雍容大气、肃穆庄重,是北京作为五朝古都深入骨髓而难以磨灭的气质。回响在九千九百九十九间屋宇之中的故宫穹音,道尽了封建王朝最后的壮丽。只此一处足以令世人惊叹,更何况还有凝结了中华民族血脉的蜿蜒的巨龙长城,留存了古典山水园林艺术巅峰的颐和园。沉睡的十三陵埋藏了血雨腥风的帝王业,伤痕累累的圆明园铭刻着一段永世不忘的屈辱历程,而见证近代中国一百多年沧桑的天安门,最后翻开了北京新旧交织的篇章。

叩开历史城门张望,带着些许沉重,却也别有洞天。正是中国文化的博大精深、气势磅礴使得北京的帝都之气,因历史的沉淀而愈加醇厚、因岁月的磨炼而愈见光泽。

11. 城中之城是故宫

自古以来，封建帝王出于维护皇帝权威及自身安全的目的修建宫殿，一座皇宫便是一部王朝的历史。谈到北京的皇城历史，大半部又都是在故宫书写的。作为"皇城篇"的开篇之作，故宫当之无愧。

北京故宫是当今世界上规模最大、保存最完整的砖木结构宫殿建筑群，作为明清两代的皇宫，故宫已经完成了它的历史使命；而作为人类文化遗产的瑰宝，故宫却依然焕发着勃勃的生机。故宫的红墙黄瓦背后，有着历史文化的隽秀之气，更有着千古帝王的恢宏之气。这座皇宫，不仅重重宫阙，楼阁林立，还围以10米高的城墙和52米宽的护城河，古时禁卫森严，平民百姓

故宫全貌

不用说观赏，就连窥探一下角落也是绝对不可能的。故宫在近500年时间里都作为皇家禁地而存在，今日来到北京，能够目睹她的全部风采，是百姓的一大幸事。当我们漫步于故宫的宫殿楼宇，真应当"且行且珍惜"。

从1420年落成到1912年清帝逊位的近500年间，明、清两代共有24个皇帝在故宫生活过。人们往往注意到的是她风华绝代、大气磅礴的一面，但作为皇城象征的她在历史上也遭受过许多磨难。

1368年明军占领元大都，更名为北平府。1402年明太祖第四子封位北平的燕王朱棣，攻入明初建都的南京，登上皇位，年号永乐。1403年明成祖朱棣颁诏改北平为北京，1406年开始在北京大规模修建皇宫。为厌弃元代气运，明朝拆毁元朝皇宫建筑，在原址上向东移150米，重新起造。这一重要位移，也将皇宫中线和新皇城中轴线重新规划。1420年皇宫建成，四周围以护城河（俗称筒子河），命名为"紫禁城"，明朝廷也于当年正式迁都至北京。

1644年3月，李自成率军攻陷北京，崇祯帝自缢、明朝灭亡。4月，清军南下入关。李自成于武英殿仓皇称帝，撤离北京，焚毁前明宫殿，仅武英殿、建极殿等少部分宫殿未焚。同年清顺治帝入关登基，开始逐步复建紫禁城，到清康熙三十四年（1695）基本完工。1735年乾隆即位后，对紫禁城进行大规模增建和改建，基本奠

故宫博物院

定了现如今的规制格局。

1911年武昌起义爆发,清帝被迫退位。按照民国优待清室条款,逊帝溥仪仍然居住于紫禁城内。1923年皇家宫中之园的建福宫花园的院落与珍宝皆焚于火。1924年10月,冯玉祥发动北京政变,驱逐逊帝溥仪出宫,清室迁出紫禁城。1925年10月10日中华民国国庆日,在原紫禁城的基础上建立故宫博物院(The Palace Museum),帝王宫殿的大门终于向公众敞开。

紫禁城有四座城门,南为午门,北为神武门,东为东华门,西为西华门。城墙四角各一角楼,民间有"九梁十八柱七十二条脊"之说,形容其结构的复杂。城内分外朝、内廷两部分。外朝的中心为太和殿、中和殿、保和殿,统称三大殿,是举行朝廷大典的地方。三大殿左右两翼辅以文华殿、武英殿两组建筑。内廷的中心是乾清宫、交泰殿、坤宁宫,统称后三宫,是皇帝和皇后居住的地方。其后为御花园。后三宫两侧排列着东、西六宫,是后妃们居住的地方。

故宫在中国的文化遗产中具有无可替代的象征意义。中国历来讲究器以载道,故宫建筑群及其皇家收藏凝固了传统的特别是辉煌时期的中华文化,是几千年中国的器用典章、国家制度、意识形态、科学技术等积累的结晶,是中华传统文化的精神,因而也成为中华传统文化最有代表性的象征物。

如今,故宫拥有古书画、古器物、宫廷文物、书籍档案

皇宫门前象征皇权的威严石狮

等超过180万件珍贵馆藏。每年举行大型常规和专题展览。2015年是故宫博物院建院90周年，推出了为期两个月的重量级首展"石渠宝笈特展"，有近300件绝世珍品与观众见面，传世佳作《清明上河图》也在特展中展出，引得来自国内外的游客流连忘返。近十年来，故宫博物院运用高新技术新建位于端门的数字故宫，通过采集的高精度文物数据，结合严谨的学术考证，再现于数字世界中，让人们获得更多交互体验。"数字馆"经过整修后，于2017年3月21日恢复开放，那些质地脆弱难以展出的文物珍品、实物展览中无法表达的内容，都能在端门以数字形态呈现出来。

封建帝国的庄严，盛世转衰的浮沉，中华文明的瑰丽博大与她的艰难历程被浓缩进这样一座城池。"彤庭玉砌，璧槛华廊"的紫禁城宫殿依然屹立在现代都市之中，即使每天无数游客熙熙攘攘，匆匆阅读她的容颜，但也并不妨碍人们通过故宫的美，去爱上故宫，爱上北京这座城。

12. 我爱北京天安门

　　天安门，应当是中国亿万老百姓最熟悉的北京地名了。天安门广场是世界最大的广场，一年四季都有来自全国各地的游客在此漫步游览。凌晨日出前走近天安门，看那迎风招展的旗、列队前行的兵，看他们从明代的古城门里走出，走过战火纷飞、饱受欺凌的岁月，直到 1949 年那胜利的二十八响礼炮。见证六百年中国风云的天安门，是最具历史感和时代感的北京建筑。也正因此，一句"我爱北京天安门"成为中国人对伟大首都和伟大祖国最简单和最富情谊的爱的表达。

每年国庆期间，天安门前游人如织

　　天安门始建于明永乐十五年（1417），最初名叫"承天门"，寓"承天启运""受命于天"之意，是紫禁城的正门。当年的承天门只不过是一座三层楼式的木牌楼，牌楼正中悬挂"承天之门"匾额，在明朝曾两度毁于大火。直到清顺治八年（1651）重修，才大体成为今天的样式，并改名为"天安门"。明清时期，天安门到大清门之间是一个T字形宫廷广场，广场外围是中央六部及各院所在地。东侧为吏部、户部、礼部、工部、兵部，还有宗人府、太医院、翰林院等；西侧为刑部和大理寺。大清门在明朝称为大明门，中华民国称中华门，现已不存。天安门及周边作为帝国统治机构的中枢，明清的皇帝们一般都在天安门颁布重要诏令，称为"金凤颁诏"。此外，皇帝大婚、将领出征时祭旗、御驾亲征时祭路以及殿试公布"三甲"等重大仪式也都在此举行。

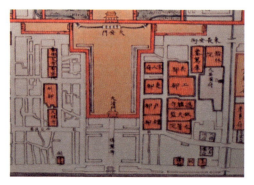

清朝天安门T型广场及周边六大部
藏于北京市规划展览馆

从1451年承天门遭遇火灾被毁开始，在每一次中国大地遭遇战火的岁月里，这座城门也同时遭受炮火的洗礼。1644年，明末农民起义军攻破京师外城。在战火中，它见证了农民起义的成与败，也见证了明清政权的更迭。

1900年8月14日，八国联军攻陷北京城。15日晨，美国炮兵中尉苏墨莱尔用粉笔在天安门的门扇上画出靶标，用大炮抵近瞄准轰开了天安门，之后又用同样方式轰开了端门。慈禧太后的侄孙岳超在慈禧逃离及返回北京时均曾随行护卫，岳超写于1962年的回忆录里说，他护卫慈禧回宫经过天安门时，见到"天安门虽已刷抹红灰，仍可见累累弹痕，端门亦然"。

1928年，北伐军占领北京后将北京改为"北平"，将天安门前长安左门和长安右门之间的道路命名为"中山路"。1937年日军侵占北平，汉奸组织北平市地方维持会于当年10月12日提案"振兴旧邦，廓清党化"，将国民党命名的中山路名称撤销，北平又被改为北京。1945年日本战败投降，10月10日那天，数万民众涌入天安门，在太和殿广场目睹了日本华北方面军向中国军队投降的仪式。

1949年1月，国民党北平"剿总"傅作义接受局部和平协议，迎接人民解放军进城。同年10月1日，毛泽东主席登上城楼庄严宣告"中华人民共和国中央人民政府，今天成立了"。

从1451年的那场偶然的大火到1949年10月1日这震天的二十八响礼炮，天安门承载着国土的伤痕，目视着一个民族近五百年的曲折前行，始终在风暴的最中央见证着中华民族一次次脱胎换骨和人民解放的声声呐喊。

天安门广场

2008年3月31日，通过电视直播，在数亿中国人的注视下，奥运冠军刘翔手持祥云造型的火炬，跑过金水桥，跑进天安门城楼。象征和平的奥运圣火，也是天安门历史长河中最为特别

的一把火。

  战火、炮火到圣火,从战争、革命到和平,天安门与火的故事还在继续。燃烧的火焰,开启的城门,告诫着世人:历史不会随风而去,滚滚向前的时代潮流也不会凭空而来。天安门承载着我们对北京最简单也最复杂的爱,这爱也是对民族复兴与世界和平的不懈追寻。

天安门之夜

13. 这里长城最宏伟

"万里长城万里长,长城内外是故乡。"作为中华文明标志之一的长城,因其承载的厚重历史和凝聚的民族精神被赋予了崇高意义。而在绵延万里的长城之中,北京段长城因其雄奇的山势和丰富的人文内涵,被公认为是万里长城的精华,并在 1987 年作为明长城的代表列入了世界遗产名录。

都说"不到长城非好汉",但想成为真正的好汉也并非易事。光北京境内的长城,就横跨密云、怀柔、平谷、延庆、昌平、门头沟六县,绵延达 629 公里。北京长城以"师法自然"为宗旨,依山而建,成就了各具特色的

八达岭关口"燕塞雄关"

建筑美学经典。其中首屈一指的,当数八达岭长城。作为护卫居庸关的门户,八达岭呈居高临下之姿,形势极为险要。明《长安夜话》载:"路从此分,四通八达,故名八达岭,是关山最高者。"古人有"居庸之险,不在关城,而在八达岭"之说。八达岭因其特殊的山口地形,成为历代兵家必争之地。

昌平的居庸关长城始建于秦代,是北京城的西北门户。相传秦始皇修筑长城时,令囚犯、士卒和强征来的民夫徙居于此,取

"徙居庸徒"之意。现存的关城是明太祖朱元璋派大将军徐达督建的。居庸关两旁山势雄奇,中间有长达 18 公里的溪谷,常年清流萦绕,翠峰重叠,有"居庸叠翠"之称,是著名的"燕京八景"之一。

怀柔的慕田峪长城西接居庸关长城,东连古北口,特色在于层峦叠嶂、敌楼密集且关隘险要。著名的长城景观"箭扣""牛角边"和"鹰飞倒仰"等均位于慕田峪长城西端。它曾吸引过美国前总统克林顿在内的多位外国政要驻足。

密云的司马台长城,矗立于燕山峭崖绝壁之上,敌楼依险峰兀立,气势磅礴,以"惊险奇"闻名。现存遗迹还保留着明代戚继光督建时的古长城原貌,已被联合国教科文组织确定为"原始长城"。

中国长城博物馆位于
八达岭长城入口处

长城局部

见于2017年八达岭长城博物馆门前展板
北京延庆世界地质公园管理处

长城的主体包括墙体、城堡、关隘、烽火台、敌楼等。敌楼又称敌台,指突出于城墙的高台,分为空心敌楼和实心敌楼两种。空心敌楼是戚继光任蓟镇总兵后,构筑蓟镇长城时大量使用的一种形式。戚继光在《请建空心台疏》中描述所建敌楼为"于缓者百步,冲者五十步或三十步,即骑墙筑一台,如民间看家楼。高五丈,四面广十二丈,虚中为三层,可住百夫。器械糗粮，设备具足。中为疏户以居，上为雉堞，可以用武。"空心敌楼通常构筑在城墙之上或城墙里侧靠近城墙、有利于作战的制高点上，是戍守长城的将士们生活和作战的据点。

而那句最有名的"烽火戏诸侯"中的烽火台是指在长城沿线用于点燃烟火传递重要信息的高台，有方形、长方形、圆形等，分为紧邻长城并顺长城一线排开、依托长城向长城内延或外延的三种形式。如果你想对长城有更细致的了解，不妨去位于八达岭长城入口处的中国长城博物馆转一转，会有很多意想不到的收获。

北京段长城

见于 2016 年—2035 年北京城市总体规划展

感秦时明月，越关山万里。作为自然与人文相结合的景观典范，长城在中国古代不是政权的边界，而是因地理而设置的军事防御工事，同时也是农耕文明与游牧文明冲突和交融的文化符号。长城见证了游牧民族与农耕民族的激烈对抗，同时，长城的存在也致使游牧民族不能随意抢掠，为边境贸易的文明交流提供了空间，整个中华民族的凝聚力也因此而增强。

长城是一个矛盾的存在，它一面守卫着和平，一面又预示着干戈。烽火台上硝烟一起，便是纵横捭阖，沙场驰骋；硝烟过后，却又是落日斜阳，马踏青草。自秦始皇统一六国建成最早的万里长城，到明朝为防御蒙古势力而重修长城，直至满族入主中原一统后停止修筑，长城的修建一直伴随着我国统一多民族国家的漫长历程，成为中华文明在历史长度、空间广度和文化深度上最具代表性的文化遗产，被视作东方巨龙的脊梁，将生生不息的中华魂与民族魄传承下去。

14. 世界之最十三陵

大气的五朝古都北京固然名胜云集，但倘若要指定一片地域来做一部断代史的话，十三陵无疑是其中的翘楚。明十三陵是中国明朝皇帝的墓葬群，也是世界上最大的皇陵群。它坐落于北京西北郊昌平区境内的燕山山麓的天寿山。

这里自永乐七年（1409）修建长陵，到明朝最后一位皇帝崇祯葬入思陵，历230余年。它承载了明朝的帝国风云和十三位帝王各不相同的人生故事，同时也是山水自然与人文景观的绝妙融汇。

明十三陵分布图

众人皆知，明朝历经十六帝，可为什么称十三陵呢？这就要追溯明朝的历史了。朱元璋的大明帝国建都于南京，他死后葬于南京钟山之阳，称"明孝陵"。第二帝朱允炆（建文帝）在其叔父朱棣发动"靖难之役"后不知所终，因此他没有陵墓，这也成为明朝历史上的一桩悬案。而明朝第七帝朱祁钰，因其兄英宗皇帝被瓦剌所俘，宫中无主，在太后和大臣的旨意下登上了帝位。英宗后来被放回，经过"夺门之变"，重登皇位。朱祁钰被害死，英宗不承认他是皇帝，将其在天寿山区域内修建的陵墓也捣毁了。而以"王"的身份将他葬于北京西郊玉泉山。这样，明朝十六帝有两位葬在别处，一位下落不明，其余十三位都葬在天寿山，所以称"明十三陵"。

"明十三陵"陵区总面积约80平方公里。古人拜祭需先到石碑坊，至下马碑拴马落轿，穿过总神道，再经由各陵神道，去往不同的陵寝。

总神道

驮神功圣德碑的赑屃

总神道长7.3公里，从南至北，依次建有大红门、碑楼、石像生、龙凤门、七空桥，气势恢宏、庄严肃穆。

其中，大红门是陵区的总门户，神功圣德碑亭、石像生和龙凤门是神道的核心建筑。

神功圣德碑亭之内竖立着"大明长陵神功圣德碑"，螭首龟趺（也称赑屃）驮碑，碑石完好。

二、皇室踪迹何处寻

华表

大明长陵神功圣德碑

"神功圣德碑亭"的四壁及台基为明朝原物。碑亭气势宏伟，形制为重檐歇山顶、黄色琉璃瓦，亭身平面作正方形，四面各有券门，亭壁下部有石雕须弥座，再下承以陡板式台基。碑亭四角各置有蟠龙华表柱，底座为八角形。

神功圣德碑亭

一对石人：由南向北　　　　　一对石人：由南向北
西侧的石像　　　　　　　　　东侧的石像

石像生是指从碑亭往北至棂星门约800余米的神道两旁竖立的12对石兽和6对石人，石像造型庄重、高大威猛、栩栩如生，尽显帝王的威仪。

一对石兽：从北向南　　　　　一对石兽：从北向南
东侧的石象　　　　　　　　　西侧的石象

石像生的尽头是棂星门。棂星门，象征天门，由三个门并排连接构成一个牌坊。这里，每个门的额枋（连接柱间的横额）为多层结构,在上的额枋称为大额枋。因为大额枋的中央部位上端各有宝珠火焰的装饰,也称为火焰牌坊。十三陵陵区不仅埋有13位皇帝,还葬有23位皇后。皇帝、皇后的棺椁入葬陵区时,必须经过此门,所以又被称为"龙凤门"。

棂星门,也称龙凤门

十三陵所在的燕山属太行山余脉,西通居庸关,北通黄花镇,南向昌平州,不仅是陵寝之屏障,实乃京师北部屏障。太行山起自泽州,蜿蜒绵亘北走千百里山脉不断,至居庸关,万峰矗立回翔盘曲而东,拔地而起为天寿山(原名黄土山)。山崇高正大,雄伟宽宏,主势强力。这一优美的自然景观被封建统治者视为风水宝地。

苍松叠翠,山明水秀,而在此长眠的十三位帝王,或廉明勤政,或荒淫无道。他们的千秋帝业已然崩塌,那些尘封于历史的过往,则留待后人去苦苦追寻。

道不尽君王天下事,谁人定生前身后名?六百多年斗转星移,感兴趣的人可以到十三陵体验一次梦回大明的"穿越之旅"。

15. 皇家许愿在天坛

一座拥有悠久历史的古都，一定有属于自己的地标建筑，如巴黎的埃菲尔铁塔，悉尼的歌剧院，雅典的帕特农神庙……这样的地标，既有地理意义，也有历史文化意义。北京的地标是什么呢？有人说首推天安门，但不免政治味儿过重，也有人推举长城，但却不是北京独有，故宫倒是威严庄重，但规制太大标志性就显得不足了。许多北京人争执不下，最后还是公认天坛祈年殿是最适合作为北京历史古都风貌的地标。

作为古人创造天人和谐生态环境的范例，天坛把古人对"天"、对大自然的认识，以及敬天、顺天等天人关系的意识，借助独特的坛庙园林予以表达，堪称寓意丰富的天才杰作，其简约深刻的艺术形象早已深入人心。

早在原始时代，人类就因敬畏自然的力量，发展出了崇敬天地山川之神的仪式；至西周，中国独特的礼制建筑逐渐成形；而发展至明清，封建政权将敬奉天地日月及风雨雷电等自然现象皆视为国家重要祭典。北京按照礼制于城内配置各种自然神祇的坛庙，其中天坛、地坛、日坛、月坛，分

夜幕下的天坛祈年殿

二、皇室踪迹何处寻

别置于南、北、东、西，另外还有风神庙、云师庙、雷师庙，以及先农坛、社稷坛等。这些坛庙分置北京城各处，各司其职，而其中尤以规模最大的天坛为首。

天坛首建于永乐十八年（1420），位于正阳门外的永定门内大街路东侧，它是明朝为了表示重视农业生产，配合帝王祭天祈谷精神生活上的需要而建。天坛实际上是"圜丘"和"祈谷"两坛的总称，圜丘坛在南，祈谷坛在北。根据"天圆地方"说，天坛的建筑都以圆形为基调，但也有方形的，因为最初天坛原名天地坛，合祭天地，直到嘉靖九年（1530）另建了方泽于北京安定门外，即地坛用于祭地，才开始分祭。方泽乃贮水以祭。《广雅·释天》云："圜丘大坛，祭天也；方泽大折，祭地也。"

祈谷坛中的祈年殿，因融合了中华传统观念中"天圆地方""天有九重"

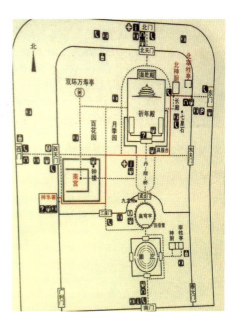

天坛公园门票上的地图

以及"二十四节气"的精巧构思而被世人称道。根据"天圆地方"之说，祈年殿被设计为圆形以象征天。"九九"在古时代表"天数"，祈年殿的高度被设计为九丈九，以象征"积阳为天，天有九重"。而祈年殿中央的四根大圆柱则象征四季，殿内中层的十二根柱子象征十二月份，殿内外层的十二根柱子象征十二个时辰，外层中层相加便是二十四节气。三层相加为二十八根，象征二十八星宿；加柱顶八根童柱，象征三十六天罡；宝顶下雷公柱，象征皇帝一统天下。这些隐藏在建筑数字中的空间隐喻，体现着古代帝王与天地的关系。

登上丹陛桥，抬眼望去，朱柱白栏，参天古柏隔开了尘世的喧嚣，在沉静的绿意里，透过蓝瓦红墙，仰视浮云之下的祈年殿，仿佛从人间漫步到了天上。

退却喧闹的夜幕下寂静的天坛丹陛桥

而与之相隔不远的回音壁与长廊间，似乎又是另外一幅人间的世俗喜乐样子。过去只有帝王御临的祭坛，现在成为北京老百姓晨练、晚饭后遛弯、聚会的文化公园，意义已完全不同。当神走下神坛，没有了等级贵贱之分，人们对大自然的尊敬和谦卑，似乎也转化为另一种生活化的表达。

夜幕垂下，天坛丹陛桥上有不少休闲的人，三五成群的中老年人闲庭信步，单独跑步的年轻身影在挥洒汗水，还有旅游背包客流连忘返……一张张各色面容焕发着舒心的静怡。而不远处便是祈年殿的金顶，明清帝王曾在此祭天为苍生祈福，时光荏苒，如今皇城根下的民众，摒弃了等级森严的皇家仪式，学会了用自己的方式创造幸福。

上天有上天的境界，世俗有世俗的欢乐，天坛见证了天、地、人之间沟通方式的改变，似乎只有那屹立于苍穹之下的祈年殿，映照在斜阳的余晖里，矗立在郁郁葱葱的古柏间，依然保持着高贵圣洁的姿态，沉默不语。

16. 皇家夏宫颐和园

说起颐和园,就不得不先说说它的前身——清漪园。"何处燕山最畅情,无双风月属昆明",从乾隆不少赞美清漪园秀丽风光的词句中不难看出,一代帝王对清漪园偏爱有加。原是一处湿地,泉水丰沛,湖泊星罗棋布,恰似江南之景,辽金时期就已有"金山行宫"修建于此;元朝时此地则被命名为西湖,荣膺"休夸天上瑶池,只此人间兜率"的美誉;而到了清朝,乾隆对此地原有水道加以改造,耗银480余万两,于1764年建成了京郊第一座水库和完整的水利系统,随后造园名清漪。

鸟瞰颐和园昆明湖

曾经富丽堂皇的"无双风月"在1860年经历了一场致命的浩劫。英法联军一把火将北京西郊的清漪园、圆明园等几座皇家园林烧成一片废墟。《伦敦新闻画报》的特派战地画家兼记者查尔斯·沃格曼曾描述当时的场景：院内遍地狼藉，只剩下坚实而无法摧毁的巨石，它们将留下来告诉未来的人们，这里曾经有一座美轮美奂的皇家园林。1886年在原址上重新进行了修缮。1888年重建后，改名"颐和园"。

  皇家园林与王朝崩溃的故事在中国总是代代流传。当岁月的尘埃被轻轻拂去，永恒的艺术和曾经的历史又重新熠熠生辉，与圆明园相比，颐和园是何其幸运，能够浴火重生，传承北京城"皇家园林"的最后荣耀。她兀自优雅挺立，连同甲午战败的阴云和戊戌变法的困顿，残照着那一片王朝落日的余晖。如今的颐和园保留了清漪园的大部分原始风貌，风韵不减。

云外天香

颐和园长廊彩画

  "人在廊中走，如在画中游"，颐和园的长廊以其建筑精美、曲折多变和彩画丰富闻名于世，吸引无数游人迂回其中。乾隆皇帝曾效仿康熙六下江南，宫廷画师一路上将江南风景随时记录下来带回京城，绘于长廊之上。可惜，长廊彩画也随着英法联军的一把火烧毁了，但是在随后的复建中，慈禧太后命画师以江南风景作画，不惜代价进行原貌恢复。所以直到今天，漫游于长廊之中仍可有游览江南的交错感，同时也如置身于中国古代传统小说的情境之中，活灵活现，其乐无穷。长廊总长度为728米，共

273 间，以排云殿为中心，东西方向延伸。大小彩画共计 14000 余幅。人物画多取材于我国古典文学名著，如《西游记》《三国演义》《西厢记》等等。

颐和园导览地图

除了长廊，但凡到颐和园来还有一处必看的景观就是十七孔桥。众人皆知，宛平城的卢沟桥以形态各异的狮子闻名于世，有俗谚"卢沟桥的狮子数不清"，殊不知，颐和园中的十七孔桥的石狮才是真正的数不清。全长 50 多米的十七孔桥不仅是我国古典园林中现存最长的桥，而且桥头及桥上望柱的石狮数量超过500 个，比卢沟桥的狮子总数还要多出几十个。"虹卧石梁，岸引长风吹不断；波回兰桨，影翻明月照还空。"修长的十七孔桥如霓虹连接东岸与南湖岛，又如玉练漂浮湖面，意境悠远。

颐和园十七孔桥

"春湖落日水拖蓝,天影楼台上下涵,十里青山行画里,双飞百鸟似江南。"这就是京城西北郊的颐和园,一处清漪碧水、楼台错落、山色如画的皇家园林。在今日的颐和园,你将欣赏到不同于故宫威严恢宏的清幽写意,领略到不同于胡同市井民俗的皇家气息。每天数以万计的国内外游客流连于此,络绎不绝,为的就是一睹其历史文化的沉积。命运起落,坚船利炮没能摧毁它的根基;时代兴替,都市浮华难以掩蔽它的绮丽。

17. 万园之园有圆明

圆明园,曾经承载着"万园之园"的辉煌。乾隆赞誉它"规模之宏敞,丘壑之幽深,风土草木之清佳,高楼邃室之具备,亦可称观止。实天宝地灵之区,帝王豫游之地,无以逾此",法国大文豪雨果惊叹它"堪称梦幻艺术的崇高典范"。但"百年成毁何匆促,四海荒残如在目"。如今,它成了历史的伤痕,置身空旷的遗址,目光触及无尽的荒凉,心灵却承载难言的厚重。

这座位于北京西郊海淀东北的园子,由圆明、长春、绮春三园组成,占地面积3.5平方公里,通称圆明园。它始建于康熙年间,扩建于雍正年间,鼎盛于乾隆年间,增修于嘉庆和道光年间,历时150余年。"圆明"二字引自唐玄奘的"圆明一切智",意为完美和至善。圆明园继承历代优秀造园传统,汇成大型写意自然山水混合式皇家园林的典范。同时,圆明园也是清朝皇帝临朝听政、治理国家的政治活动的中心,收藏了全国罕见的珍宝、古玩、字画及工艺品,聚集着封建文化与艺术的精粹,实为一座综合性的文物博览馆。

1860年10月,一把火将几代清帝的苦心经营变为了永恒的绝响和无限的遗憾。英法侵略军涌入圆明园大肆抢掠,无数文物珍藏被洗劫一空,携不走者则击而毁之。面对清政府的屈膝退让,英国军官竟悍然下令火烧圆明园。大火三昼夜不熄,一代名园惨遭焚毁。但劫难远没有结束,1873年同治奉慈禧懿旨曾试图修复圆明三园,开工不久即停修。1900年八国联军再占北京,土匪兵痞趁火打劫,圆明园原有幸存及经同治、光绪两朝修缮、拆盖的百余座园林建筑，均遭彻底毁灭，古树名木砍伐殆尽。至此，圆明三园除残垣断壁、荒草萋萋之外，幸存物仅有绮春园宫门、福缘门门楼及正觉寺几座屋宇，一代名园终沦为一片废墟。虽然完整的建筑实体已荡然无存，但留下的历史、文化、教育价值早已超越建筑本身，它以文化遗产的面貌，重新展现在了世人面前。

圆明园残垣大水法遗址

摄自2016年—2035年北京城市总体规划展

然而，关于圆明园的保护却一直争议不断。从1951年起，北京市政府下令禁止任何机关移用圆明园石块；1983年，《北京市城市建设总体规划方案》批准建设"圆明园遗址公园"；1998年遗址公园对社会试开放。有人提出要重修圆明园，然在废墟上大兴土木无异于给维纳斯"接臂"，而选址再现，斥资巨大只为一个不伦不类的假古董，难以替代不可复制的美和独一无二的内涵。回归自然，修旧如旧，在许多中国人的心目中，圆明园的残缺之美，也是北京一张独特的名片。

圆明园散失的文物则是另一个备受瞩目的焦点。从目前所存信息来看，散失在国内外的各类圆明园文物至少有150万件，法国枫丹白露宫中国馆的金塔、景泰蓝麒麟,巴黎东方博物院的圆明园玉印,法国军事博物馆的乾隆盔甲等都来自圆明园。在众多流失国内外的圆明园文物中,十二生肖兽首铜像一直备受关注。十二生肖兽首铜像原为圆明园海晏堂外的喷泉的一部分,呈"八"字排列,每座铜像轮流喷水,以水报时。牛、虎、猴、猪、马五件兽首,分别在2000年、2003年和2007年由爱国人士出资购买抢救回国,而鼠首和兔首也在2013年4月26日由法国皮诺家族无偿捐赠,于6月28日正式"入住"国家博物馆。至此,圆明园兽首七尊已经回国。

圆明园 12 生肖兽首(仿品)

荒芜的圆明园遗址,辉煌已去,空有"残月",是难以言状的心痛与怅惘。"往者不可谏,来者犹可追。"透过圆明园的"失去",希望能激发起我们对民族历史、文物保护的热情和认同,让历史的不幸不再发生。

18. 苑囿珍品为北海

熟悉北京历史的朋友都知道,现在的北京城是在元大都的基础上修建的。北京早期的城址并不在此,北海被开辟为园林之后,北京才从旧址迁移到这里来。有专家认为,没有北海也就没有现在的北京城。何出此言?这背后的故事,要从元世祖忽必烈建城之前说起。

北海公园建园是从金朝大定十九年(1179)大宁宫的兴建算起的。大宁宫是金朝统治者在中都城东北郊外兴建的一座离宫,而元世祖忽必烈以大宁宫的湖泊为中心新筑宫城之后,环绕着这新筑的宫城又兴建了一座城池,这才诞生了历史上赫赫有名的大都城,即现今北京城的前身。

北海的蓬莱仙境

皇家园林的建造，最初起源于中国独特的宗教神话艺术。而北海这座历经辽、金、元、明、清五代的古典皇家园林，就是根据我国古代神话故事《西王母传》中描写的仙境建造的。

战国时传说东海上有蓬莱、瀛洲、方丈三座仙山，山上住着长生不死的神仙。秦始皇统一中国后，派方士徐福前往东海寻找长生不老药，却一无所获。他便在兰池宫建百里长池，筑造了蓬莱山。汉武帝重蹈其覆辙，寻仙山依旧未果，于是降旨在建章宫后挖一方水池取名"太液池"，在池中堆起三座山，象征蓬莱、瀛洲、方丈。此后历代皇帝都在宫殿附近建"一池三山"，北海也是继承这个传统而建的。北海象征太液池，琼华岛如蓬莱，团城为瀛洲，中海的犀山台则似方丈。今天的北海公园中，仍能看到神人庵、吕公洞以及铜仙承露盘等传说中的求仙遗迹。

而对于现代的北京人来说，北海隐藏的求仙传说浸微浸消，倒是一曲《让我们荡起双桨》，将北海公园的独特魅力传唱了几辈人的童年，至今依然传唱不息。"让我们荡起双桨/小船儿推开波浪/海面倒映着美丽的白塔/四周环绕着绿树红墙"，乔羽在歌词中提到的北海公园的标志"白塔"，开启的则是清代的一系列故事。

在公元1651年，清世祖福临应允西藏喇嘛瑙木汗的请求，在广寒殿的废址上建藏式白塔，在塔前建白塔寺，万寿山更名为白塔山。从1741年开始，乾隆又对北海进行大规模修葺和增建，引入了静心斋、阐福寺、小西天、濠观堂等江南山水园林精华。到了晚清光绪年间，慈禧太后重修北海、中海、南海三海建筑。慈禧还在北海西岸和北岸铺设了中国第一条铁路，在静心斋前修建了小火车站，供她入园游宴。1900年，八国联军侵入北京，北海也惨遭践踏，万佛楼的1000多个金佛及园内其他宝物被洗劫一空。

而北海从皇家园林转变为人民公园的历史，则是从辛亥革命

推翻清朝统治十余年之后的 1925 年开始的。1949 年新中国成立后政府对北海公园予以修葺，疏浚湖泊，铺设甬道，增设了公共设施。其后由于历史原因，北海公园和景山公园曾一度关闭，至 1978 年重新对公众开放。

如今的北海公园，已在真正意义上成为人民的公园。晴天，站在白塔台基平台上远眺，不仅可以把北海公园的美景尽收眼底，还可一览京城全貌，南边的中南海，东南角的故宫、天安门，东边的景山，北边的后海、鼓楼，西边的颐和园，远至香山，皆清晰可见。在这座伟大城市的心脏地带，能有这样一处风光旖旎、视野广阔的观景胜地，实为百姓之福，北京之福。

19. 恭王府里书清史

清朝实行宗室封爵制度，共分十二等、十八级、二十种爵位，因此京城遍布皇室贵胄的府邸。它们隐匿在寻常巷陌，不全有紫禁城的宏伟壮观，却也独具魅力。如庄严肃穆的郑王府、宏伟瑰丽的醇王府、幽静精美的庆王府等，但现如今它们大多面目全非，或者移作他用，难窥旧貌。细数起来，保存最完整、最具典型特征，同时又具有对外开放条件的，仅恭王府一处。

恭王府

侯仁之先生曾经说过，什刹海是北京的一颗明珠，恭王府又是什刹海的一颗明珠。一座恭王府，就是半部清朝史。恭王府几经易主，屋主中包含了两个清史上家喻户晓的显赫人物。

第一个便是被视为巨贪的权臣和珅。恭王府最初是乾隆宠臣和珅的私宅,乾隆将幼女固伦和孝公主嫁给和珅之子丰绅殷德,更使此地蓬荜生辉。作为恭王府的创建者,和珅的名字已经被深深地烙印在这座府邸之上。在恭王府中,几乎每一处著名的景观都与和珅有着密切的关联。

嘉庆即位,和珅被赐死罪,宅第收归宫廷,先被嘉庆帝赐予庆王永璘,后被咸丰帝赐予恭亲王奕䜣,王府才始称"恭亲王府"。恭亲王奕䜣便是这宅子的第二个显赫屋主。奕䜣曾辅佐两宫皇太后垂帘听政并担任议政王,在他的时代里,恭王府达到了鼎盛时期。今日采用"恭王府"的名称就是由"恭亲王府邸"延续而来。然而近代中国的没落也影响到了这座亲王府邸的命运,在奕䜣之后恭王府日益颓废,直到最后他的孙子为生活所迫出售了王府,至此结束了这座宅子作为亲王府邸的历史。

恭王府可以分为两大部分,府邸与花园,府邸在前而花园在后。

王府主要分为中、东、西三路建筑,由严格的轴线贯穿的多进四合院落组成。

花园正门:西洋门

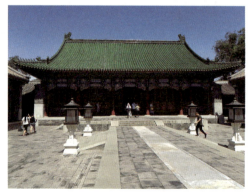

王府等级标志:银安殿的绿琉璃瓦

中路最主要的建筑是银安殿和嘉乐堂，殿堂屋顶采用绿琉璃瓦，显示了中路的威严气派，同时也是亲王身份的体现；东路前院为多福轩，其中栽有藤萝，长势十分茂盛，后院则为乐道堂，是当年恭亲王奕䜣的起居处；西路主体建筑则为葆光室和锡晋斋。

恭王府中最为人们津津乐道的则是曾经作为和珅私藏各种珍宝之处的"藏宝楼"。

藏宝楼正位于前府后院的分界处，东西方向长约156米，内有108间房，俗称"99间半"，取道教"届满即盈"之意。藏宝楼的窗户分为两层，共88扇，下层的每扇窗户都是相同的，然上层的窗户各具形态。传闻其曾经的主人和珅便是通过不同形状样式的窗户来判断在不同的房间中有怎样的珍宝的，在藏宝楼下漫步时看到这些不同样式的窗户即感到非常的满足与安心。

府邸后屋："99间半"藏宝楼

北京人常说：到故宫要沾沾王气，到长城要沾沾霸气，到恭王府就一定要沾沾福气！到了恭王府，若不见见镇府之宝都不好意思跟别人说自己到过恭王府，这颇有些"不到长城非好汉"的意味。但恭王府的福文化是"藏福文化"，花园内共有9999个暗"福"和唯一的明"福"。

蝙蝠在中国建筑中象征福气，恭王府的建筑巧妙地借用这一点以蝙蝠造型贯穿始终。

而恭王府内唯一的明福，被视为镇府之宝的"康熙御笔福字碑"，则隐藏于秘云洞内，取意为"洞天福地"。

"藏福文化"：形如蝙蝠的蝠池　　　　　康熙御笔福字碑藏于秘云洞内

　　传闻当年康熙帝意欲为病重的祖母孝庄皇太后祈福，特意沐浴斋戒三天，一气写就了"福寿"联体字，并加盖了"康熙御笔之宝"的印玺，取义"鸿运当头、福星高照"。也许是康熙帝的孝心感动了天地，在这幅"福"字写就之后，孝庄皇太后的病奇迹般地好了。为了保存下这独一无二的"福"字，皇太后特意命人将其刻在石碑上，这也就是福字碑的来历。至于福字碑是怎么来到恭王府的，至今仍是一桩悬案。传闻查抄和珅府时，嘉庆想将福字碑移回皇宫，但和珅将福字碑藏在滴翠岩下的秘云洞内，动福字就动龙脉，是犯皇家大忌的，嘉庆一怒之下下令将假山封死，直到1949年新中国成立后翻修时福字碑才得以重见天日。

　　宦海沉浮，世事难料，一座恭王府，见证了康乾盛世，也见证了国运式微，内忧外患。草木有灵，砖瓦无言，和珅、固伦和孝公主、恭亲王、乐寿堂、锡晋斋……时间流逝，积淀的只是历史的尘埃。而幸运的是，民国年间的战火没有将其毁坏。2004年北京市政府斥资4亿元对王府进行修缮，自2008年下半年开放以来，恭王府这颗什刹海的明珠，继续向世人展现它的光辉。

20. 人间仙境燕八景

何谓燕京八景？燕京的燕，当然是来自北京城北的燕山，先秦的燕国也是因地得名。大约1000年前，这座古来的军事贸易重镇成为辽国的南京，始称燕京。后来它又演变为金朝的中都、元朝的大都和明清的北京。燕京八景又称燕山八景、燕台八景，八景之说始于金代，八景之名历来传说不一。关于北京燕山八景的记载，最早见于金朝的《明昌遗事》。乾隆十六年（1751）定燕京八景为太液秋风、琼岛春阴、金台夕照、蓟门烟树、西山晴雪、玉泉趵突、卢沟晓月、居庸叠翠。

古燕京八景处处称奇，八景之首，追溯起来还数居庸叠翠。北京城西和城北两面群山巍峨，沟壑纵横，天险关沟纵深达四十里，山势陡峭，丛林密集，险峻异常。居庸关雄踞八达岭长城之上，择险而筑，有一夫当关、万夫莫开之势。这一雄关险隘还是沟通西北高原与华北平原的大门，它外通上谷，面临大野，犹如北关锁钥，控制住北京之西北，其雄险高峻，鬼斧神工。因此，居庸叠翠为古燕京八景之首，当之无愧。

如果居庸叠翠表现的是山的俊美，那玉泉趵突则注入了水的灵动。从颐和园昆明湖远眺玉泉山，一塔秀立，山如剪影。玉泉趵突是山与泉相得益彰的写照。"玉泉昔日此垂虹，史笔谁真感慨中。不改千秋翻趵突，几曾百丈落云空。"据记载，当年玉泉"泉喷跃而出，雪涌涛翻"，泉水清澈，晶莹如玉，玉泉水被定为清宫专用水。乾隆还亲题"玉泉趵突"碑，并将此诗刻于碑后，将玉泉定为"天下第一泉"。时过境迁，几百年来，以泉得名的玉泉山秀丽依然，但由于北京植被减少，气候变干，昔日如垂虹的玉泉趵突翻涌不复存在。"玉泉趵突"一景变成追忆。

同样成为追忆的还有"金台夕照"。"九龙妙笔写空蒙，疑似荒基西或东。要在好贤传以久，何妨存古托其中。豪词赋鹜谁过客，博辩方盂任小童。遗迹明昌重校检，辜然高望想流风。"这是乾隆帝依据历代的诗及有关记述对"金台夕照"的描述。曾经芳草萋萋的金台路，如今已成紧邻CBD的繁华闹市：宽阔的道路，鳞次栉比的楼群，潮水般的人群，满目尽是都市的喧嚣和忙碌。不过，在北京南城老居民的心目中，广渠门内的夕照寺才应该是"金台夕照"的遗址。乾隆帝当年把刻有"金台夕照"的石碑立在了朝阳门外三里处的苗家地，如今碑文全无，"金台"到底在何处已成难解之谜，人们只好借助那些诗文遥想当年夕照金台、满目生辉的景象了。

需要借助诗文怀念的还有"西山晴雪"。乾隆当年为"西山晴雪"作的诗文："久曾胜迹纪春明，叠嶂嶙峋信莫京。刚喜应时沾快雪，便教佳景入新晴。寒村烟动依林袅，古寺钟清隔院鸣。新傍香山构精舍，好收积玉煮三清。"每年冬天大雪初霁的西山，银装素裹；而现在北京降雪减少，想看雪后西山美景几成奢望。"艮岳移来石岌峨，千秋遗迹感怀多。"在大规模的城市建设中，只有尚在原地的乾隆题写的西山晴雪御碑见证了曾经的无限风光。遗憾的是，石碑尚在，意境全无。

"西山晴雪"御碑

虽然历史上"燕京八景"是皇家御苑的代表,但其作为一种文化现象的意义却远远超过了供皇家赏玩的层面。"燕京八景"得到人们代代传颂,而成为北京美景的代表,至今日却因城市建设而遭到无情破坏,不得不说是个莫大的遗憾。梁思成先生曾经说过,不同民族的生活习惯和文化传统赋予建筑以民族性。它是社会生活的反映,它的形象往往会引起人们情感上的反应。八景文化不仅包含着各地特色,还包含着社会生活内容,作为北京风景园林在历史过往中遴选出来的美的精华、杰出的典型,理应得到更多的重视,成为联结古都北京与现代北京文化景观传承的"新名片"。

三、胡同四合百姓情

偌大的北京城"有名的胡同三千六,没名的胡同数不清"。一条条纵横交错的胡同就像棋盘上的格子,将这座城变得如棋局一般方正谨严。砖塔胡同、灵境胡同、东交民巷、南锣鼓巷……纵横交错的胡同、方方正正的四合院展示着市民生活的百态,呈现老北京的真实模样。

转游热闹繁华的大栅栏,在钟鼓楼上听任时光静静流过,跟什刹海钓鱼的大爷聊聊天,过年过节一家人去逛庙会,这都是属于北京的生活方式。对于本地人来说,北京的庙会精彩纷呈,流动着滚烫而浓郁的生活气息;对于外乡人来说,京城的会馆聚八方来客,给异乡游子带来熟悉的故乡气息。有着3000余年建城史和800多年建都史的古都北京,经过光阴历练自成一派京味文化,自然也造就了自己别具一格的特色风貌。正如作家陈建功说的那样:"北京滋味在庙堂之高,也在胡同之深;在官宦之显,也在平民之乐。"所有人都能在北京找到自己的归属,细细体味北京的点点滴滴,从胡同深处感受老北京的韵味,从此爱上北京。

21. 四合院里有规矩

说起老北京的典型民居,不得不说起京城里大大小小的四合院。元诗有曰:"云开闾阖三千丈,雾暗楼台百万家。"这里的百万家就是指北京当时的民居——四合院。元世祖忽必烈"诏旧城居民之过京城老,以赀高及居职者为先,乃定制以地八亩为一分",将胡同之间的地段分给官贾营建住宅,北京传统四合院大规模形成便由此开始。

方直端正,尊礼重位,四合院是老北京"讲礼儿"的体现。

常见的老北京标准四合院为三进院落,从南到北依次为前院宅门、影壁、倒座房、垂花门,中院的正房、东西厢房、庭院,后院的后罩房。北屋为尊,两厢次之,倒座为宾,杂屋为附。内宅之中位置最显赫的是正房,房间的开间和进深都很大,冬日阳光射入最多,台基较高,是家中长辈居住的地方。位置次一点的是坐西朝东的西房,最次的是东房和南房。老北京有句话儿讲"有钱不住东南房,冬不暖来夏不凉",就是这个意思。

四合院院门

庭院是四合院最有生活气息的地方。四合院如同一个自给自足的"生活单元",人们可以在院落当中观看植物和金鱼、八哥等活泼泼的宠物,四个方向都朝向院子中心,为居住在院内的一家人创造交流感情的机会,有助于几代人打破代际的隔膜,融合在一团和气当中。

"天棚、鱼缸、石榴树,先生、黄狗、胖丫头。"这是老北京四合院的"理想生活模式"。

这一理想生活模式在清代,起码得是一个七品官才能办到。天棚要用小竹竿、芦席配上粗细麻绳,请专业搭天棚的棚匠来家里搭建。

家里有了天棚,夏天的午后可以遮蔽烈日,享受一片阴凉;夜晚还可以将棚顶的芦席卷起,欣赏庭院上空的点点繁星,可谓人生一大乐事。

"一庭春雨瓢儿菜,满架秋风扁豆花。"种花种菜也是老北京人一大爱好。草茉莉、喇叭花、指甲草、鸡冠花、老倭瓜、扁豆角、青葫芦……价格不重要,中看中吃就成。一到花朵盛开的季节,京城各个院落里的花儿仿佛约定好的一样,姹紫嫣红,竞相开放。到了收获的时节,葡萄、扁豆角、葫芦……挂满枝头,给京城的院落增添了浓郁的生活气息。

庭院里挂满果的葡萄藤

挂枝的扁豆角

三、胡同四合百姓情

庭院深深深几许,春梦明丽夏如风。四合院的空间虽然不大,但容纳了老北京人的礼,老北京人的情。"朝来天似洗,清风盈庭厦。"四合院里容下了老北京人乐得自在的生活享受:坐在院子的藤椅上,仰望可以看见碧空如洗,身边是石榴、杜鹃、草茉莉;耳边徘徊着鸽哨的呼呼声,以及胡同里小孩子的玩闹声。整个世界似乎只有院子这么大,人在其中有所依而无所惧,安适恬淡。

22. 繁华商业"大栅栏"

老北京有句顺口溜是这样讲的:"看玩意儿上天桥,买东西到大栅栏。"大栅栏地区是古都北京市井文化的缩影、宣南文化的精华。在老北京人看来,大栅栏代表着对老北京旧文化的一种记忆;在外地人看来,大栅栏又是探寻老北京文化的一扇窗。

大栅栏

明朝永乐皇帝迁都北京,决定在京城关厢建廊房,让外地移民居住,或招商经营。自此以后,现今正阳门外的西部就有了廊房一、二、三、四条胡同。到了康熙九年(1670),为加强治安管理,外城也要像内城一样,在胡同口修建栅栏,昼启夜闭,晚上实行宵禁。因廊房四条修得比别处高大,因此,百姓习惯称这条胡同为大栅栏。

在历史的变迁中,大栅栏地区商贾林立,见证了中国近代商品经济的发展。同仁堂、瑞蚨祥、马聚源、内联升、张一元、六必居……这些拥有百年历史的老字号都聚集在大栅栏。作为北京历史上的商业中心,大栅栏的重要地位也一直从元代延续到了民国时期。

此外,大栅栏对于京剧票友们来说也有着重要的意义。清乾隆五十五年(1785)，朝廷为了给皇帝庆祝八十寿辰，特召江南徽班进京演出。之后，逐渐形成的三庆班、四喜班、和春班、春台班这"四大徽班"最负盛名。由于清康熙十年(1671)颁布内城禁止开设戏馆的规定，这些徽班就住在前门外大栅栏一带。徽班在京师不断与二黄、西皮、昆腔、秦腔相融合，又受到北京语音与腔调的影响，逐渐形成了具有浓郁北京特色的"京戏"，也就是我们当今国粹"京剧"的前身。众多名角在大栅栏创办科班，一边演戏，一边传授京剧曲艺杂技等技法。这些京剧曲艺科班培养了大量日后在京戏舞台上活跃的名伶。如我们所熟知的梅兰芳、马连良、叶盛兰等，这些老一辈艺术家将京剧的发展推向了繁荣的时期。

清末，四大徽班相继散落。但是大栅栏的热闹依旧，"你方唱罢我登场"。1905年，戏曲影片《定军山》开始在大栅栏街的大观楼影戏院公映。1913年，大观楼更名为"大观楼电影院"，从此有了当时北京首家由中国人自己开办、经营的"专业电影院"。现在的大观楼依然对公众营业，可以看电影，也可以品茶听戏。

2007年5月，大栅栏商业街正式启动了整体改造工程。按照大栅栏街内建筑的年代、风格、历史价值等分类，把街内建筑划分为文物修复、保护修缮、风貌整饰、改造整治共四类。整修后的大栅栏在保持整体的传统风格后融入了一定的现代化元素，不仅适应了现代都市生活的发展节奏，而且令历史上保留下的宝贵民俗财富得以传承。

如今，人们看杂耍已经不会

大观楼

再专门去天桥，买东西已经不会再专门去大栅栏了，但这不代表它们的地位就在人们心中磨灭了。大栅栏依旧人来人往，或许购物早已不是唯一的主题，更多地，人们是来这里触摸老北京的脉搏，寻找属于自己的老北京记忆。

在北京人心中，大栅栏早已经不是商业街的代表，因为它不够时尚、不够现代。但这并不妨碍它在北京人心中的位置，那些矗立在大栅栏的名声远播的老字号铭刻在一代代人的心中，永不磨灭。

三、胡同四合百姓情

23."砖塔胡同"六百岁

偌大的北京城"有名的胡同三千六,没名的胡同数不清"。元人李好古的杂剧《张生煮海》第一折中,张生与龙女定情后,张生的家童与龙女的侍女调情。家童云:"我到哪里寻你?"侍女云:"你去兀那羊市角头砖塔儿胡同总铺门前来寻我。"李好古戏文中的闲句信笔,无心插柳,恰让砖塔胡同成为元大都中唯一一条有文字记载的胡同。从元、明、清、民国到今天,砖塔胡同都有文献可考,这在北京是绝无仅有的一例。因此,砖塔胡同也被誉为"北京胡同之根"。

"你去兀那羊市角头砖塔儿胡同总铺门前来寻我。"

后人题字 藏于正阳书局

既然叫砖塔胡同,胡同里总得有座塔来应景。这座位于胡同东口的砖塔名叫"万松老人塔",是一座九级密檐砖塔,也是北京市区内保留下来的唯一砖塔。此塔是元世祖的老师、金元之际的高僧万松老人的葬骨塔,建塔年代已不可考。但根据史料推断可以肯定,塔龄在 600 年以上,而砖塔胡同的年龄亦应与此相仿。

万松老人本姓蔡,名行秀,15 岁时在河北邢台的净土寺出家当了和尚,后来云游四方,在河北磁县的大明寺继承了雪岩满禅

砖塔胡同里的万松老人塔

师所传的佛法，专攻禅学。而后又重返净土寺，建万松轩居其中，故自称"万松野老"，世人则敬称为"万松老人"。元朝定都北京时，元世祖及其重臣耶律楚材慕名而来，投身门下，拜其为师。三年后，元世祖为了表达师徒之情，将宫中承华殿的古筝和"悲风"乐谱赠给了万松老人。老人圆寂后，人们便为他建了这座朴素别致的砖塔。

乾隆十八年（1753），官员奉敕按照原来的规模重修万松老人塔，砖塔成了皇室家产。民国之后，砖塔几易其主，多次成为羊肉铺、杂货店等。一直到20世纪90年代，万松老人塔成为北京市第五批文物保护单位之一，因塔而得名的砖塔胡同也得以保存。时至今日，万松老人塔已经成为一个景点，默立在西四的吵闹与喧嚣之中，独守身下小小胡同的宁静祥和。

万松老人塔的院子里还有一个专营与老北京有关的书籍的正阳书局，无论是书籍主题的选择、店面陈设、环境布置，还是店员的着装，满满洋溢着老北京风情，显示出店主对老北京的热爱。来此的读者，不仅可以看到北京各个历史时期的老地图、老画册，看到老北京人祈福用的各种型号的兔儿爷，而且在书局门口可以看到

专营与老北京有关书籍的正阳书局

老北京四合院的各式门墩、门楣。正阳书局和万松老人塔座落于小四合院内,交相辉映,让来此的游客也好,读者也罢,都能浸入式地体验到老北京人的生活气息。

提过了砖塔,便再提提胡同。比砖塔有意思的,是砖塔胡同里曾经住过的人。别看胡同不大,在这儿住过的名人还真不少。鲁迅、张恨水……还有许多同样耳熟能详的人物。现如今,随着名人陆续离去与周边闹市的发展,砖塔胡同也慢慢地淡出了人们的视野,复归于一条平静的小胡同。

刻有"无事可静坐,闲情且读书"的院门

巷边塔,巷中人

人们坐在几百年的门槛上闲聊,摸着不知年代的石狮脑袋,孩子光脚踩过古老的砖石,在浸润着文化气息的院落里捉迷藏。巷边塔,巷中人,还有这宁静的砖塔胡同本身,都是北京温暖的文化记号,让人无法不爱。

24."灵境胡同"成大街

"地可招松鹤,仙源此处通。"伴随着京港地铁4号线开通,灵境胡同秀气而灵动的名字开始为人们所熟知,灵境胡同虽然与西单大街相交叉,但它又是一条安静宜居的胡同。

灵境胡同最早称作"灵济宫"。根据《帝京景物略》的记载,明代永乐十五年(1417),明成祖朱棣患病,久治不愈。一次他夜间入梦,梦见两位道士一叫徐知证、一叫徐知谔的两兄弟前来授药,不日其病即愈。于是下令修建宫殿,封为"灵济宫"。崇祯十五年(1642),有位大臣向皇帝写了一个奏章,说灵济宫供奉的两位真人实为叛臣之子,崇祯皇帝便下令停止祭祀活动,从此灵济宫便衰落了。

灵境胡同老宅门

到了清代嘉庆年间，白莲教在北方的支派天理教曾以灵济宫为据点发动起义，起义失败后，天理教的首领林清在宛平宋家庄被官兵俘获，抓入宫中严刑拷打，但是他始终大义凛然，宁死不屈。在此之后，林清的部下李文成、牛亮臣继续他未竟的事业，召集七八万人苦战三个月，闹得清政府苦不堪言。打这儿起，老百姓就管这地界叫林清胡同，灵济宫也改为林清宫。1911年后，胡同东部改为黄城根，西部改为灵境胡同。

灵境胡同名字清丽，且是北京最宽的胡同。1988年，胡同被拓宽成了一条小马路。1992年前后，灵境胡同再次拓宽，目前最宽处32.18米。这种规模如果搁在元代就不能算胡同，称为灵境大街更为合适。

虽然胡同看上去普通，但是住过几位名人。据说，宣统帝师、太傅陈宝琛住在此地，天天进宫为小溥仪授课。后来清朝没落，曾经皇帝老师的住宅，如今挤满了平民百姓。20世纪五六十年代，中国人民解放军的卓越将领，中国国防科技、教育事业的奠基者之一陈赓大将一家居住在灵境胡同41号院。

"灵境胡同"成大街

灵境胡同41号院

时光飞逝，现代的灵境胡同宽阔笔直，西边连接着繁华喧闹的西单北大街，东边连接着庄严肃穆的府右街，成为东西向的通衢。胡同里开始有了理发店、眼镜店、各种餐馆。其中受青年人追捧的应该数灵境胡同东口南侧的8号学苑（80后主题店）。这是一家以80后为主题的概念餐厅,每个来到8号学苑吃饭的人都会不由自主地感怀一下童年的回忆。

就像8号学苑带给80后的怀念一样,北京虽然高楼林立,但是胡同始终承载着老北京人的情怀。铁凝曾说:"北京若是一片树叶,胡同便是这树叶上蜿蜒密布的叶脉。要是你在阳光下观察这树叶,会发现它是那么晶莹透亮。"而灵境胡同便如同一股清澈凛冽的泉水,荡涤着北京的喧嚣浮华,汩汩不绝。

25."东交民巷"中西汇

在熙熙攘攘的前门附近,有一条人迹罕至的小街。从前门地铁站出来,经过中国铁道博物馆向北,沿着广场东侧路走不了多远就可以看见。它是那么安静,和恢宏的天安门广场比起来又是那么不起眼,但它却是中国历史上赫赫有名的东交民巷。

东交民巷始建于元代,时称江米巷。从明永乐五年(1407)起,培养外语翻译人才的四译馆和接待外国来使的会同馆就设在此处。东交民巷亦逐渐成为明清两朝外事活动的中心,成了真正的"交民巷"。

清代,东交民巷达到其鼎盛,不仅吏部、户部、礼部、兵部、工部选址此地,而且銮驾库、翰林院、太医院、钦天监、詹事府等重要部门也汇聚于此。

但东交民巷闻名中外却是在近代,伴着纷飞的炮火和一抹沉重的底色,它万般不愿地被印刻在史书上。1860年英法联军入侵北京,在帝国主义的炮火威逼之下,世代居住在东交民巷的醇亲王后代被迫搬离,醇亲王府被英国强占,改为英国公使馆。醇亲王府为康熙皇帝第七子允祐的府宅,允祐于雍正元年(1723)晋封为醇亲王,后此府为允祐的子孙居住。紧接着法国也强租庆公府,俄、美、德、意、日、荷等国先后在此划地建馆。

东交民巷是北京仅存的19世纪末20世纪初的西洋风格建筑群,走在这里,你会发现建筑的时代特色非常明显。正金银行旧址因地处两条街巷的岔口,为折角形建筑,整体形貌属欧洲19世纪流行的古典折中风格。外墙红灰色调庄重大方,半圆穹顶上

还设有一根旗杆,可遥想当年景象。一层窗外围的半圆形石砌拱套使建筑风格严肃而不呆板,石柱上的雕花更增添了华美之感。

圣弥厄尔天主教堂则为典型的哥特式建筑,两个尖顶塔楼具有上达天空的气势,阳光过处,彩色玻璃镶嵌的玫瑰花窗在教堂内部投下美丽斑驳的光影,充满宗教的神秘感。教堂正门上方为圣弥厄尔雕像,人像精美,圆润写实,且均目光温和悲悯,具有典型的宗教特征。外壁雕花融合了中国花卉元素,又是一个中西合璧的经典之作。

从这条巷子的一端走到另一端,就像是一个时代的穿越。绿树浓荫笼罩下,这里既有红色的砖墙、青灰的立柱、铜绿的铁门,又有货品琳琅的便利店和色彩斑斓的广告灯箱。靠近广场的一端是旧式建筑较为集中的部分,向东走每几十米就能发现一个新的地标,一座普普通通的居民楼也许就是当年的外国使馆。

26. "南锣鼓巷"故事多

南锣鼓巷,产生于元大都"左祖右社,面朝后市"的城市格局中,历经几百年的风雨,现在它仍是京城非常活跃的地区之一。它连接着许多大大小小的胡同,这里又叫"蜈蚣街"。因为南锣鼓巷像是蜈蚣的身子,两边的胡同就像是蜈蚣的足。这些大大小小、或长或短的胡同,承载着南锣鼓巷说不尽的事儿。

南锣鼓巷的历史岁月里,有着沉甸甸的记忆,静谧的胡同,古朴的街道,一砖一瓦都印刻着逝去的沧桑。南锣鼓巷的胡同里,

南锣鼓巷国庆街景

每个院子,每栋小房,都有自己的故事。炒豆胡同77号似乎仍有清代僧格林沁王府的气息。帽儿胡同7号至15号(单号)院好像仍有清末大学士文煜的住宅和花园的回忆。帽儿胡同35号、37号院,仿佛回荡着清朝末代皇后婉容的芬芳。后圆恩寺胡同13号,茅盾曾住在这里创作。雨儿胡同13号,齐白石曾在此抒发才情……

南锣鼓巷的故事,应由胡同里的小店主人来诉说。去南锣鼓巷,走的是胡同,逛的是胡同里千姿百态的小店。清晨,在朦胧的雾气中,沿着空旷的安静的胡同,去南锣鼓巷的咖啡馆点一份提拉米苏加一份卡布奇诺,在绿植和雕刻的门窗里静静等待南锣

鼓巷的热闹。然后捧一杯现榨果汁，伴着冰激凌或坚果油条的美味碰巧走进一家个性小店。一如老外因热爱老北京风俗开设小店"创可贴8"，一如洋溢着古朴气息的"若水堂油纸伞"，一如精致奢华的"FANCY-ME"……总有那么个别精致的小店，第一时间成为你内心的欢喜。文字奶酪、成都土豆花、西施豆花、章鱼小丸子、倒字对翅等可口小吃会填满你的午后时光。夜幕降临，街灯盏盏照亮巷子深处，你可以去找寻那些有着温暖灯光、世俗安静的酒吧。

　　南锣鼓巷是所有胡同爱好者的情人，也是情人相遇的地方。最有故事的地方，要有暖暖的灯光，要有甘醇的美酒，要有形形色色的人。去府院吧里小酌，听一听僧王府的变迁故事，在柔和的灯光里避开尘世喧嚣；去吉他吧，在不足7平方米的狭小空间内，听一听为了音乐梦想放弃优越生活前来这里安家的吧主弹吉他，吉他声里满是梦想的音符；去只接待单眼皮、双眼皮免进的"单眼皮"酒吧，享受那种怪异可爱的群体感……总有一个酒吧，让你在灯红酒绿中不愿离开。不是因为物质靡费，而是精神迷醉。在美酒的香气中，在温暖的灯光里，你会遇到吸引你的人，开始一段南锣鼓巷式的故事。

　　这样的南锣鼓巷，在经历风风雨雨后仍然安详地在北京休憩，诉说着老北京的独特风情。这里面藏着的故事，或温情，或热烈，牵着太多人的情，连着太多人的意。南锣鼓巷里藏着的故事，与人，与店，会是你对北京难以割舍的理由之一。

南锣鼓巷街边服装小店

27. 钟鼓楼上听时光

钟鼓楼是古都北京的标志之一，它坐落于北京南北中轴线北端。不同于其他城市左右并列的钟鼓楼，北京的钟鼓楼是前后纵置，气势雄伟，在诸多城市钟鼓楼的建制史上规模最大，形制最高，是元、明、清三代京城的报时中心。

鼓楼

北京鼓楼始建于元初至元九年（1272），初名"齐政楼"。现存建筑于明永乐十八年（1420）重建。民国十三年（1924），鼓楼更名为"明耻楼"，意为民众勿忘八国联军侵入北京的国耻。1984年鼓楼开始新中国成立后首次大规模修葺，五年后才接待游客参观。

鼓楼通体高46.7米，三重檐，歇山顶，上覆灰筒瓦，绿琉璃剪边，是一座建在4米砖台基上的以木结构为主的殿堂式建筑。别看鼓楼外部高大宏伟，走进去会发现通向二层的楼梯又狭窄又陡峭。每一级台阶都很高，不仅倾斜角度大，而且漆黑一片，拾级而上，就能觅到楼梯顶端一盏油黄色的灯。从一层上到二层击鼓厅，需要登69级台阶，为什么是69级台阶呢？因为60代表古代纪年的周期，60年是一个轮回；9代表九五之尊，至高无上的意思。

登上最后一级台阶，迎面扑来的是击鼓厅敞亮的光线。鼓楼的二层是一个四面通透、八方来光的厅堂。从东南西北四个方向可以眺望到京城的诸多景物——鼓楼大街、北海、零零落落的四合院、现代化的高楼……

站在鼓楼往北看，有一座通体灰白色、上有黑琉璃瓦顶的重檐歇山顶建筑——钟楼。钟楼的正中间有八角形的钟架，悬挂"大明永乐吉日"铸的大铜钟一口。钟高7.02米，直径3.4米，重63吨，是中国现存体量最大、分量最重的古代铜钟。

根据文献记载，铜钟用传统泥范法工艺，采用地坑造型，群炉熔铸。钟体全部由响铜铸成，撞击时声音浑厚绵长，正所谓"都城内外，十有余里，莫不耸听"。每一次小心翼翼地登上钟鼓楼，回望入口处氤氲着外面的天光，仿佛走过数年。虽然钟鼓楼已经失去了往日报时的功能，但是它们在老北京人心中的形象屹立不倒，成为令人魂牵梦萦的一个坐标。

20世纪80年代，作家刘心武在他的第一部长篇小说《钟鼓楼》中如此写道："薛大娘抬头仰望着这溶入她的生活、她的灵魂的钟鼓楼。钟鼓楼仿佛也在默默地俯视着她住的那条古老的胡同、陈旧的院落和她本人。在差不多半分钟里，历史和命运就那么无言地、似乎是无动于衷地对望着。"

远山钟动，曙色渐明。晨钟暮鼓，上演市井悲欢。

28. "什刹海"的"黄包车"

明朝刘侗、于奕正所撰的《帝京景物略》曾用"西湖春,秦淮夏,洞庭秋"来描述什刹海的神韵。什刹海位于北京内城的西北隅,由前海、后海和西海(又名积水潭)三个水域组成,俗称"后三海",与"前三海"相呼应。古时,由于它的四周有十座佛寺,因此又称作"十刹海"。

什刹海的历史十分悠久。早在13世纪,元世祖忽必烈下令建造一座新的都城。新都城围绕什刹海水系而建,自北向南的中轴线紧紧依傍积水潭,四面的城墙位置也是依据与积水潭东南岸的距离而建。自从元朝依托什刹海确定了都城的中轴线后,它就成为元明清三代都城的核心。

当然,什刹海如今能成为燕京胜景之一绝非仅仅具有古代历史政治意义这么简单。作为"北方的水乡",它的景色自然也是一绝。自清朝起,它就因"三海碧波荡漾,岸边垂柳毵毵,远山秀色如黛,风光绮丽"为燕京胜景之一,成为京城民众消暑纳凉的首选场所。

什刹海水域中最有名的要数后海了。映着夕阳,水面泛着波光。微风徐徐,柳条掠过水面,引得一圈圈涟漪;或在空中随风摆动,婀娜多姿。野鸭也在水面上成群结队地游过,运

后海南部入口标志:荷花市场牌楼

气好的话，还能见到一两对鸳鸯。岸边垂钓的人也是常有的，即便是在冬天，也能见到他们的身影。

荷花市场是在通往后海步行街的南门入口处。夜晚荷花市场的广场，陆续会聚集很多人，有来后海旅游的，有散步的，还有来此跳广场舞的。这地方的广场舞与其他公园广场舞不同，以20世纪80年代的双人交际舞为主。

穿过荷花市场的牌楼，就进入后海步行街，也是后海知名的酒吧一条街。从南往北沿着后海步行街，可以看到各色酒吧，有传统的、现代的、中西合璧的、小资情调的，等等。

当你逛累了，可以走进一间喜欢的酒吧，听驻唱乐队演奏的各种民谣，享受片刻的慵懒。如果你被工作折磨得晕头转向了，也可以约上三五好友，去酒吧喝点小酒，听首夜曲，或沿着后海湖边，看看夜景，吹吹"海"风，享受片刻的轻松。

后海酒吧街

相遇酒吧享受片刻慵懒

后海最北端，有条知名的烟袋斜街，也是后海步行街东北侧的入口处。从烟袋斜街的名字就可以看出这条街是斜的，清朝以卖烟具为主而得此街名。现在的烟袋斜街因聚集了各色小吧、京味小吃、小店，也是后海步行街的一部分，而成为外国友人来京必到之处。比如老北京糖葫芦就是广受中外游客喜欢的小食之一。

驻唱乐队演奏民谣

中外游客喜欢的老北京
冰糖葫芦

什刹海的另一绝便是它的历史文化积淀之深厚。历史上,什刹海周边曾建有王府、寺观、庵庙等多达三十余座,而今现存的有十几处。其中最著名的有恭王府、宋庆龄故居、醇王府、郭沫若纪念馆、钟鼓楼、德胜门箭楼、广化寺、汇通祠和会贤堂等,柳荫街上更是住过十大元帅中的三位。

除此之外,什刹海附近还保留着大量的胡同和四合院。到了什刹海,坐着黄包车游胡同是必修课。在众多吆喝声中,选定一辆合眼缘的新式黄包车,和师傅谈好价钱,便可以开始你的黄包车胡同游之旅了。

这些"胡同游车夫"会拉着你钻进各式各样的胡同。每条胡同各有各的特色,或宽或窄,或老旧或经翻修。此时,你会感受到胡同的神奇。就好比入了迷宫,你永远不知道下一个拐角处会出现什么。车夫不仅会和你唠嗑,还会为你介绍各个景点,并介绍什刹海附近的历史名胜。

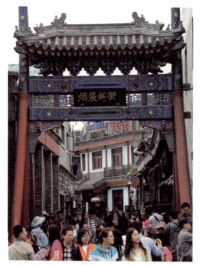
热热闹闹的烟袋斜街

老外爱乘黄包车

　　老北京的生活气息，就在这湖海的岸边，在这胡同的角落里，在这四合院的一砖一瓦上，在老北京人纯正的北京话中。

29. "庙会"异乡不是客

对传统的老北京人来说,春节期间必须穿插着一次出游——逛庙会。北京的庙会可是不简单,有着3000余年建城史的北京,经过光阴历练独成一派京味儿文化,自然也造就了自己别具一格的庙会风格。

北京的庙会最早可以追溯到元代正月的"燕九节",发展至明代,庙会已经相当成熟。关帝庙、都城隍庙、南药王庙等诸多地点纷纷开庙会。清朝定都后,庙、灯二市迁移至外城,东城隆福寺和西城护国寺成为人气极旺的游玩之地,与买卖和娱乐相关的诸多活动也逐渐上升为庙会的主要节目。

有打油诗道:"东西两庙货真全,一日能消百万钱,多少贵人闲至此,衣香犹带御炉烟。"时至今日,烧香拜佛的习俗虽然仍留存下来,但是早已不再作为重头戏登场。有越来越多的男女老少结伴游春,来到庙会品美食、买玩意儿、赏风景、话新年。

开开心心逛庙会

北京的庙会规模大、数量多，各大庙市轮番登场，每一家都有自己的招牌特色。

年味浓浓的地坛庙会

如果你喜爱西方游乐场式的巡游狂欢，不妨逛逛石景山八角游乐园的洋庙会，在体验异国风情的同时可以感受到中国传统庙会的热闹气氛；如果你钟情于老北京的民俗风物，厂甸庙会、地坛庙会则是不容错过的好去处，传统的拉洋片仍然可以在那里寻得芳踪；如果你想体验一下皇家生活，将市井文化与皇室文化融为一体的圆明园庙会一定会满足你关于雅俗相融的想象；还有大观园的红楼主题庙会别具一格，市民不仅可以现场感受"元妃省亲"的宏大场面，而且能穿梭在潇湘馆、蘅芜苑等楼台亭榭之中，好不酣畅淋漓。

当然，要想真正了解老北京的年味儿，仅仅去个庙会"简单转悠一圈"是断然不够的，还要咂摸些庙会上的特色美食，这才不虚此行。

且不论爆肚、炒肝这等硬货，一碗普普通通的老北京茶汤中所蕴含的门道就不浅。黄铜雕花、紫铜作胎、龙头作嘴的茶汤壶中滚着沸水。冲汤时，师傅一手捧着装有茶汤粉的碗，另一只手还要抬动四十斤重、近半米高的铜壶让滚水不偏不倚正中碗中。如若用力过猛则开水外溢，伤及皮肤，但使劲稍小又难以冲开，使汤水夹生。一碗茶汤要是少了师傅长年积累的技艺绝对相当于丢了一多半的魂。在这最普通的茶汤中管窥北京，发现北京的滋味仿佛就萦绕在杯盏之上、碗碟之间。

庙会必有得老北京面茶

北京的庙会精彩纷呈，流动着滚烫而浓郁的生活气息。正如作家陈建功说的那样："北京滋味在庙堂之高，也在胡同之深；在官宦之显，也在平民之乐。"不论是名门官宦还是布衣百姓，都能在北京庙会寻得乐趣所在，这也是北京城的可爱之处吧。

30. "会馆"云集八方客

沿前门大街一路向西,过宣武门,便到了传说中的北京宣南区。宣南区是明清时会馆的聚集地,有的胡同里能有十五六家会馆,门都挨着门。鼎盛时,北京的会馆多达 500 多家,名人住过的会馆俯拾皆是。

最早兴起的会馆是工商会馆。明朝初年,朝廷在正阳门外建房招商,正阳门、崇文门、宣武门外渐渐成了外省商帮云集的地方,工商会馆也逐渐兴起。有的会馆类似于同乡会,这样同乡的商贾能彼此照应;有的会馆则是行业会馆,同行业的人不分籍贯,聚集在一起,好维护同行的商业利益。

湖广会馆

工商会馆在北京会馆中所占比例很小,数量最多的当数试馆。每回放榜后,若有乡人高中三甲,便会在会馆中设宴庆贺,还要在会馆悬挂牌匾,像湖广会馆里的状元匾、榜眼匾、探花匾就多达 31 块。而三甲原来住过的厢房,就会被装潢一新,挂上吉第的匾额,成为一等一的吉祥居。除此之外,会馆里还会悬挂同乡人的大学士匾和封爵匾,像湖广会馆里就有曾国藩、左宗棠、叶名琛等人的大学士匾以及曾国荃等人的封爵匾。

除了工商会馆和试馆,还有与会馆类似的达官贵人的"私人会所"。当年全京城最大的会馆安徽会馆,由李鸿章兄弟捐资创建,馆内的戏楼也在全京城四大戏楼之列。出入会馆的都是李鸿章的亲信部下,以及当时政、军、实业界有头有脸的人物。戊戌变法时期,安徽会馆成了康有为、梁启超创办的《中外纪闻》的报社和北京强学会的所在地。

湖广会馆内景大戏楼

会馆作为同乡、同行聚集之地,常常是旅京异乡人的依傍之所,每逢佳节,大家便欢聚一堂,共叙情谊。每年正月初一的团

拜，既是祈愿新年的盛会，又是联络情谊、结交头面人物的机会。每至端午、中秋，同乡人也会共聚会馆，品尝家乡风味的粽子和月饼，以解思乡之情。京城中的不少大会馆都有自己的戏楼，每当三节（春节、端午、中秋）到来，或是大人物在会馆喜庆寿辰，大伙儿便聚集在戏楼，等着鸣锣开唱。

当年的湖广会馆戏楼可谓是众星云集，一代京剧大家谭鑫培、余叔岩、梅兰芳等都曾在此上演自己的经典剧目。如今，每天都有一众票友聚在这儿，看红灯笼一盏盏亮起，看梨园名伶轮番登场，像极了百年前的场景。

京城会馆汇聚八方来客，一边连着游子一展宏图的心愿，一边连着浓浓的乡情和乡愁。在守望中温暖相扶，会馆为异乡人带来熟悉的故乡气息。

四、市井百态图一乐

　　不同于其他大都市，北京的魅力所在更多的是它的包容性。无论是老北京人还是前来北京工作生活的人，都能发现这座城市除去高高在上的政治地位之外，还有的是市民生活的各种气息。传统文化的浸润让北京人热情大度，人情味十足。

　　宫廷文化和贵族文化本就引领民间文化的潮流，市井风气更是弥漫在大街小巷中。古城里的老北京人悠然自得、为人大方，幽默的京腔与俏皮话经常让人忍俊不禁。提笼架鸟、喝茶聊天、斗蟋蟀等悠闲的生活方式都来自老北京。天桥八大怪、奇迹潘家园、风雅琉璃厂……如果你来到北京就一定要去这些地方转转，与传统文化来一场妙不可言的约会。北京还有很多独具特色的民俗艺术，承载着不可磨灭的时光记忆。除了京剧和老北京叫卖外，更有北京绢花、京绣、兔儿爷、糖人、内画鼻烟壶、鞭春牛、厂甸庙会等丰富的形式。此外，如瑞蚨祥、内联升、吴裕泰、同仁堂等极具传统文化特色的北京老字号也是宝贵的无形资产。这里是大气包容又不失格调的北京，充斥着一声声北京腔的吆喝，上演着代代相传的热闹与渴望。

31. 京话京腔"京片子"

不像别的地方方言只单纯地被称作"天津话""四川话",北京话有它自己的名字,叫"京片子"。光从"京片子"这三个字里,你就能听出北京话里浓重的京味儿了。"京片子"这个词原来单纯是北京话的名称,比如人们会说"他操着一嘴京片子",不过现在偶尔也被泛化运用为说北京话的本土人,比如人们常说"他那个京片子……"

京片子和普通话的区别决不仅仅是多加了一个儿化音那么简单,最明显的是北京话中有很多方言。北京话不是没有特色的语言,它作为北京人的地方方言,同样是一门土话。比如"末了儿"(到最后)、"跌份儿"(丢面子,尴尬的)、"发小儿"(从小一起长大的朋友)、"填补"(吃)等都是北京话的一小部分。

这样的例子还有很多,单说一门语言我想就算是一个书库也说不完。一些经典的相声段子比如侯宝林的相声《北京话》,郝爱民和王志斌的相声《北京话》,里面的很多桥段都充满了京味儿,能让人们从北京的历史文化、北京人的家长里短中更好地感受北京话的味道。

你听北京人说话特别有味道,不光是说话的内容,还包括说话的语调风格。北京人说话特别简练、干脆、流利,侯宝林的《北京话》中车夫与顾客之间的一段有关讨价还价的话,生动地再现了北京人爽快的人物性格:

顾客:"三轮儿!"

车夫:"哪儿去啊?"

顾客:"东四。"

车夫:"五毛。"

顾客:"三毛。"

车夫:"四毛吧,多了不要。"

顾客:"站住,拉吧。"

北京人说话还有个吞音的现象,比如向老师问好说"老师好",这一说快了就成了"老儿好",还有"不知道",音似"buer道",光写着不好玩儿,让北京人跟您说说您就发现了。此外,北京话还有一个特点就是"不标准",比如"约一下多少斤"的"约"和"腰"同音,但是这在过去的词典中没法找到相应的字,这类例子还有很多。

如果您想听听地道的北京话,打个出租是再好不过的选择了。出租车司机到时候教"您",无论您年龄比他大还是小,都别不习惯,这是京片子的习惯。北京的出租车司机中有人说话幽默风趣,嘴里有着浓浓的京味儿,从各种土话到语速风格一应俱全。他们中有些人特别能"侃",有些人能从你上车侃到下车,从政治时事侃到生活琐事,也有人愿意慢慢悠悠地给您讲述北京这座城市的前世今生。

如果有时间,您还可以去一趟太庙,现在的劳动人民文化宫,在那里看看展览,听听"京片子"。与其他展览不同,大厅除了展示文物外,还在横梁上展出了各式喇叭,滚动播放各式"京片子"。您可以站在喇叭下边,听听这老京腔。

"京片子"给人的感觉是独特的、随意的、高傲的。我们说玩世不恭京片子,正是说北京人说话给人那种劲劲儿的、充满个

四、市井百态图一乐

太庙展出的各式喇叭,滚动播放各式"京片子"

性的表达方式。愿对"京片子"感兴趣的您也听听那些有趣的相声,结交几个"京片子"当朋友,和他们聊天啊,您会觉得很享受!那时候,您才知道什么是真正的北京话。

32. 艺人天桥"八大怪"

天桥，位于宣武东部正阳门外，原有汉白玉石桥一座，是清朝皇帝去天坛祭天的必经之桥，意为通天之桥，故称"天桥"。曾经的天桥，有着"酒旗戏鼓大桥市，多少游人不忆家"的盛况。在这里，"北平之社会风俗，一斑可见"。天桥见证了一大批街头艺人的卖艺生涯，这其中最为人所熟知的，莫过于"天桥八大怪"。

"天桥八大怪"的说法原是老百姓随口叫出来的，各人心中的天桥八大怪都各有不同，流传至今，更是出现了不同的说法。但有一共识，即"天桥八大怪"共有三代，下面就给您说说这三代"天桥八大怪"。

庚子时期的"八大怪"是天桥的第一代"八大怪"，也是最出名的一代，包括穷不怕、醋溺膏、韩麻子、盆秃子、田瘸子、丑孙子、鼻嗡子和常傻子八位民间艺人。

穷不怕在天桥以说相声闻名，在马三立回忆的相声艺人师承图中排在第一代，可称相声界的祖师爷。穷不怕本名朱绍文，是个没中举的秀才，但透过他的名字也不难看出他的骨气。他的怪，

第一代"天桥八大怪"之一：
单口相声　穷不怕

四、市井百态图一乐

就怪在每每开场之前,他都要用手指捏白沙撒地成字,吸引游客的注意。他精通文墨、擅长京剧,在天桥自编自演自唱,编排的段子有《江南围》《大保镖》《字项》等,不少流传至今。

第二代的"八大怪"包括让蛤蟆教书的老头子、老云里飞、花狗熊、耍金钟、百鸟张、程傻子、王小辫和曹麻子。

能让蛤蟆教书的老者并不是北京人,他操着一口河北吴桥口音。他吆喝着"老师都来了,学生还不上学来",小蛤蟆就自发地在大蛤蟆面前排成两队。

第二代"天桥八大怪"之一:
顶碗 程傻子

他再一吆喝"老师该教学生念书了",大蛤蟆就"呱"的叫一声,小蛤蟆也真跟学念书一样"呱呱"地叫两声。等到叫够七八分钟,老者再一喊"该放学啦",蛤蟆就又乖乖跳回瓦罐中。

第三代"八大怪"是最后一代"八大怪",也标志着天桥市场最后的繁荣阶段,有云里飞、大金牙、焦德海、沈三、蹭油儿、拐子顶砖、大兵黄和赛活驴八位艺人。

其中,大金牙长的矮胖、大嘴,因为包了颗金牙,一咧

第三代"天桥八大怪"之一:
胸口开石 沈三

嘴就能看到，被大家叫作大金牙。他是拉洋片的。拉洋片又叫"西洋景"，是将画片放在长方半圆的木箱里，箱面上镶一溜镜子，观众坐在板凳上，看木箱里的景。游人看木箱里的景时，大金牙就在箱外拉线绳，演唱木箱里画片上的内容。大金牙不仅编得好又唱得好，而且能说会道，时不时地抖个包袱，洋片前的观众中总是笑声起伏。

尽管"天桥八大怪"只能收录 24 名天桥艺人，但天桥作为"京味儿艺术的摇篮"，在这里诞生的民间艺术家远远不止这些。如今，天桥市场作为民间街头艺人交汇之所已经不再存在，但天桥市场滋养的民间艺术正走得越来越远。

33. "玩" 鸟养鱼斗蛐蛐

老北京人胡同四合院里的平民生活，受到皇室王爷贝勒们深宅大院的影响，喜欢在庭院里养些"玩物"。不过与现代人养猫狗当宠物宝宝不一样，老北京人喜欢玩天上飞的、地上蹦的、水里游的。

胡同里听鸽哨：鸽子回笼

写《城南旧事》的那个林海音，常在作品里提到老北京的鸽哨。林海音是台湾人，却在北京过了半辈子。那时候，北京还有人玩鸽子。人们在鸽子的尾羽中间拴上用竹管做的鸽哨，鸽子在红墙灰瓦的老城区上空徘徊时，那鸽哨就"泠泠泠泠"地响，飘荡在风里。

胡同里老房子屋顶的鸽子笼

"气虫"鸽子笼

北京人叫鸽子为"气虫",因为养鸽子容易和街坊邻居闹起来。养鸽子的人看别人家的鸽子放起来,也忍不住轰起自家的鸽子来,好比试比试。鸽群在空中相遇,总试图将对方的队形冲乱,把别人家的鸽子带回几只来。自家的宝贝鸽子被别人拐跑了,自然得上门要去啊,有时一句话说差了,那叫骂斗殴的事就免不了了。

北京人喜欢放鸽子,还喜欢遛鸟。古时文人喜养百灵,因为不用天天遛,那百灵也成天悠扬地叫着,就算是遛鸟,也不必摆动笼子;但武夫就不同了,武夫更爱画眉,不仅每日要早起遛鸟,还得昂首阔步地把笼底摆起来,此之谓"文百灵武画眉"。旧时北京的清晨,养鸟人早起提溜着鸟笼,有的一手一只,有的一手两只,走街过巷汇聚到茶馆,沏上一壶小叶茶,聊聊天儿,听听鸟叫,赏玩赏玩别人的鸟具。如今你在北京城老胡同里走,有时还能在一些住家或店铺门口的树上看到挂着的鸟笼,老板一招呼,那笼里的八哥就跟着学起话来。

店铺门口挂着的鸟笼

入夏鸟脱毛，就要给鸟喂活食了。这时就有人在东四牌楼一带卖蚂蚱和油葫芦（蟋蟀的一种）。旧时养蛐蛐的"玩家儿"常去那儿看油葫芦，因为看油葫芦长多大，就知道蛐蛐脱了几壳。一到夏天，玩蛐蛐的人就都忙活起来，为白露时的斗秋虫做准备。人们把鱼缸洗刷干净，放在屋角承接雨水，用来刷蛐蛐缸用。待到白露前几日，组织斗秋虫的人必得下一正式的帖子，邮寄或托人送到虫友处，邀其光临。早秋斗虫赌的是月饼，每斤月饼折成钱，一般是五毛或一元。斗蛐蛐只能用黏有鼠须的芡子来撩逗自己的蛐蛐，激起它的斗志。得胜的蛐蛐在斗盆里振翅鸣叫，主人也觉得倍儿光彩，倘若自家的蛐蛐成为那一季的常胜将军，主人也跟着成了街坊巷里的名人儿。

北京人喜欢玩天上飞的、地上爬的，还喜欢水里游的。"鱼"和"余"谐音，自古有"年年有余"之意。而用水缸养金鱼，又谐音"金玉满堂"，故养金鱼成了北京人的最爱。养花盆要新，养鱼则相反。多年的旧鱼缸里常常挂上一层厚厚的绿苔，一注水，便有大量泡沫浮起来。

在前文讲到"四合院"时我们提到过，北京有句俗语形容四合院人家的殷实生活："天棚、鱼缸、石榴树，先生、肥狗、胖丫头。"旧时一般家境较好的人家才在院里养金鱼，有时一养就十余大缸，在缸里种上绿色的茨菰，夏日天棚下，红色的鱼在绿色的水草间游，甚是好看。

爱新觉罗·焘纯的小店还保持着"鱼缸、石榴树、肥狗"的古色

34. "兔儿爷" "糖人" 手艺活

黄城根下从来不缺心灵手巧的手艺人，老北京的手工艺最具代表性的有兔儿爷、吹糖人画糖画等。

兔儿爷本身拥有吉祥的寓意，也是北京老玩具。生动的兔儿爷形象作为北京的传统手工艺品，旧时在大街小巷经常可以见到。兔儿爷是由泥巴做成的，形象往往是兔首人身，身披甲胄，插护背旗，脸上贴金泥，身上是缤纷的彩绘。兔儿爷时而站立时而端坐，时而捣杵时而骑兽，那两只竖起的大耳朵使充满正气的兔儿爷更添一份可爱的气质。老北京的兔儿爷之所以能够家喻户晓，不仅是因为其栩栩如生的形象，而且是因为人们对幸福健康生活的向往。

现如今，兔儿爷已成了稀罕物。在厂甸、后海以及少数商场的工艺店里还能偶尔见到。在北京的一些人家里，还保留着过年摆兔儿爷、拜兔儿爷的习俗。东岳庙北京民俗博物馆中保存了各种造型的兔儿爷玩具。"吉兔坊"是东岳庙民俗馆兔儿爷指定的制作工坊，作为北京兔儿爷制作手艺第一坊，每年都要制作上万尊兔儿爷。

形态各异的兔儿爷

说完兔儿爷，还要

说一说一种流传已久的手工技艺——吹糖人画糖画。吹糖人画糖画是老北京的一个古老行业,主要是由小贩们肩挑一个带架子的挑子穿行在各个胡同和巷子。和兔儿爷一样,在吹糖人的背后也有一段古老的历史。

老北京糖画:舀糖汁作画

老北京糖画:画毕粘签

吹糖人技艺始于明末清初,北京人称为"糖人儿"。手艺人对着麦秸秆吹气,上面的糖稀一点点地鼓起,空气中都弥漫着甜蜜的气息。熟练的手艺人通过捏、转等沿袭下来的手法,将糖人吹成各种各样的造型。

北京人也称画糖画为"糖画儿",这种技艺是手艺人用汤勺舀起溶化了的糖汁,在石板上飞快地来回浇铸,画出造型,用铲刀将糖画铲起,粘上竹签。

糖人的造型不仅有花草鸟兽,而且有惟妙惟肖的各种人物,丰富程度完全超乎你的想象。

值得一提的是,糖人糖画不仅可以吃,而且每一个都拥有灵动的形象,顾客购买它们很有可能是出于好奇。

经常有小孩们围着吹糖人画糖画的摊,瞪大眼睛等着热气腾腾的惊喜,猜下一个造型会是什么,说起来满满的都是童年的回忆与乐趣。

老北京糖画：飞龙在天　　　　手捧糖画的小孩儿依然围着糖画摊

为了满足人们的这种好奇心，每一代的传承者都用自己的智慧创造出一个又一个生动鲜活的形象，使这项古老的技艺得到更好的传承。

捏面人　　　　　　绢人　　　　　　京剧脸谱

古老的帝都拥有其传奇的历史，也蕴藏了像糖人和兔儿爷一样拥有传奇历史的技艺。纸灯笼、绢人、绒花、手绘风筝、捏面人、京剧脸谱、毛猴、皮影、灯彩……老北京的手工艺数不胜数。如今这些都成了稀罕物，如果您想淘个兔儿爷带回家，看一看现场如何画糖画，那么最好在北京过年时节去逛一逛商场与庙会，去感受这样精湛的技艺、体会匠人精神。

35. 淘古玩地"潘家园"

"古玩城开得再好，是生意，只有潘家园，才是奇迹。"一个和潘家园一起成长的老摊主如是说。1992年，潘家园旧货市场正式开张。不过早在清末民初，潘家园即是民间进行古玩交易的"鬼市"。

站到门口，巨大的影壁上潇洒地写着"潘家园旧货市场"几个大字。一走进去，人声鼎沸，大棚下的讨价还价，地摊上的精挑细选，门脸里的目不暇接。玛瑙玉翠，青铜白银，印章刻石，书法绘画，仿古家具，石雕石刻，还有一排楼背后的旧书市场，小巷子里的各色地摊，甚至还有专供百姓卖自家二手货的跳蚤市场。现在的旧货市场大约形成于2001年。市场分为地摊区、古建房区、古典家具区、现代收藏区、石雕石刻区、餐饮服务区等六个大经营区，细分又可以分为许多小经营区。

逛了这么多后会觉得，旧书市场最适合新手淘货。这里有20世纪80年代的连环画，也有现代的杂志；有康熙字典，也有外国小说；还有邮票、纪念封等。旧书市场可以带给你不断的惊喜。潘家园旧货市场最有特色的部

潘家园旧货市场

分是百姓跳蚤市场。百姓可以自己把家里闲置的二手货摆出来卖。转一圈，会发现不少有趣的东西，比如砚台、茶具、核桃，还有痒痒挠。

这里是"全国十大古玩市场"之一，冠有"全国最大的古旧物品市场""全国最大的民间收藏品市场"和"全国最大的民间工艺品集散地"三大称号。比起周边环境更好的新建的各类古玩城，潘家园却有着更旺的人气。有人说："潘家园有今天的江湖地位，靠的是其未经筛选加工的原始生态的魅力，很多人喜欢的就是它蓬头垢面的样子。"虽然不指望着捡个漏，不过地摊式的经营模式总是能带给我们诸多惊喜！

从清末到现在，潘家园能延续下来已经是个奇迹。从以前遮遮掩掩的鬼市交易，到现在的车水马龙、人头攒动，还有了自己的官方网站，人们来潘家园虽说是怀着捡漏的梦想，但更是想来体验一种收藏的文化与氛围。

潘家园旧货市场指示路牌

闲来无事，坐地铁到潘家园站下，从地铁口出来，就会看到很多古色古香的指示路牌，指引你走到潘家园。到这儿随便走一走，就算只是看看人们讨价还价，也是一种乐趣呢！

36. 书画文玩"琉璃厂"

琉璃厂历史悠久,历经变迁,充满了曲折感人的故事。从辽代寺庙密集的海王村到元明两朝烧制琉璃瓦的琉璃厂,再到清代藏书、古玩汇集的"京都雅游之所",发展至今日,俨然已成为文物荟萃、书店云集的文化之街。

享有"九市精华萃一衢"美誉的琉璃厂,是明清时期上京赶考的书生们的"文具店",文房四宝——笔墨纸砚,都是讲究至极。现在,琉璃厂在从事老本行的同时,也担任着文化圣地的旅游形象大使。无论是破旧却依然有韵味的民宅,还是古现代气息结合的咖啡店,都是吸引游客的好去处。

琉璃厂的文房店铺

一进到琉璃厂,先说说店门口的好玩玩意儿。比如北京"兔儿爷",虽不是中秋,但是这来自月亮的福分可万万不能少,各种造型的兔儿爷将琉璃厂打扮得可爱烂漫,也保佑着这片书生地的吉祥如意;还有老一辈们看过的连环画、小人书,一摞一摞的,翻来看看,《西游记》《定军山》《苏东坡》等,反正是没有重样的;琉璃厂的天桥也散发着古老的艺术气息,仿照古代的走廊,高处的房檐上挂着金字蓝底儿的牌匾,"琉璃厂"也昭示着这片地盘是属于文人雅士的。

琉璃厂的书画店铺

目前的琉璃厂仍然以书籍、古玩、手工艺品和字画的出售为主。东西街的房屋一律仿清式建筑,多为两层结构,灰墙红柱绿窗棂,雕栏画栋,古朴大气。店铺的招牌则是清一色黑底金字,鲜亮醒目。仔细看来,这些招牌字体各异,名字多带堂、斋、居、阁等,或曰汲古,或曰宝翠,都十分风雅,一些老店的门口

四、市井百态图一乐

还挂有对联，古意盎然，与店名相映成趣。

琉璃厂以古籍起家，因而此处书店规模大，品位高。著名的商务印书馆、中华书局，还有中国最大的古旧书店中国书店都汇集此处。此外，还有以出售历代字画著称的"宝古斋"，出售近代书画的"墨缘阁"，经营缂丝刺绣、团扇折扇的"虹光阁"，出售古玩的"韵古斋""萃珍斋"，碑帖老店"庆云堂""观复斋"，出售墨汁的"一得阁"等知名老店铺。老品牌"荣宝斋"焕发活力，更是将一条胡同门面收于囊中，旗下分为书店、咖啡屋、笔墨纸店等门面对外营业。至于新开的各种商铺更是数不胜数，几百米的长街，不见一个空置的商位，连各种小胡同、斜街里都开满了店铺。

荣宝斋的旗舰店

如今的琉璃厂，经过几百年的历史积淀已经形成了一个琉璃厂文化圈，它既有极具中国传统特色的各色古董、手工艺品、书画、古籍等实物，又有诸如木版水印、篆刻、装裱等传统技艺，还以其为依托形成了一个以名人故居、会馆、寺庙等为主的人文建筑景观。

如果您是想要了解中国传统文化的中外游客，来到北京就必定会去琉璃厂一睹风采。现在的琉璃厂不光是中国文人雅士的"心头肉"，也逐渐成为外国人来北京旅游的一个目的地。

37. 穿衣有范"瑞蚨祥"

北京有一句流传已久的民谣"头顶马聚源、身穿瑞蚨祥、脚踩内联升",说的都是老北京人在衣食住行上最追捧的老字号。其中"衣"所指的"瑞蚨祥",不仅是老北京"八大祥"之首,而且是享誉海外的中华百年老字号。直至今日,百年老店"瑞蚨祥"仍凭借其深厚的历史文化底蕴,成为北京城的一张名片。

瑞蚨祥

"瑞蚨祥"的历史不在北京开始,却在北京大放异彩。

瑞蚨祥创始人叫孟鸿升,济南府章丘县旧军镇人。他以在老家章丘经营土布开始,字号为"万蚨祥",后生意逐渐扩大,并由其长子孟洛川接手。1876年,当时年仅25岁的瑞蚨祥掌门人孟洛川把目光投向了京城最繁华的商业区大栅栏。由此,1893年,北京城第一家瑞蚨祥绸布店诞生。很快,"瑞蚨祥"以其"至诚至上,货真价实,言不二价,童叟无欺"的经营理念和优良上乘的质量享誉京城。

"瑞蚨祥"的历史也是整个中国百年沧桑的见证。如今再去北京前门大栅栏的瑞蚨祥门店,依旧能够感受到它当年的鼎盛繁华。整个店铺是北京传统四合院形式,门面有两层高,是四合院布局和西式楼房的结合。走进去,宽阔的大堂里陈列着一摞摞花色各异、色彩绚丽的布匹和不同款式风格的旗袍唐装。

老北京人这样回忆过去的瑞蚨祥:店门口总会站着三四个店员,无论客人尊卑,都迎客入门至中堂一张原木桌前,献茶奉水,歇脚选衣。店里总是熙熙攘攘,衣着精良的伙计在各自的铺位吆喝忙碌,为客人呈现着最新到店的绸布,手法熟练的师傅手执软尺在顾客身上比量,脑中已浮现出成衣的模样。达官贵人挑选精致丝绸,平凡百姓也寻得到适合自己的棉麻衣料,一派红火。

今日的"瑞蚨祥"已不止于一家历史悠久的传统绸布店。它的故事承载着老北京人的记忆,它的历史印刻着北京城的岁月。挑好料子,量体裁衣,做一件贴身衣袍,这就是老北京人对"衣"的追求。瑞蚨祥继续诉说着老北京人的审美情趣,同时传递着传统手艺的精良考究和旧时为商的一丝不苟。

38. 复古"潮鞋"内联升

北京老话儿讲：爷不爷，先看鞋。这鞋虽然穿在脚底下，可确确实实显示的是穿者的地位。正如过去人们熟知的北京民谣"头顶马聚源，脚踩内联升，身穿瑞蚨祥，腰缠四大恒"，这脚上踩的，就是我们今天要说的——内联升。

您大概今天觉得内联升比不上那些大牌鞋，但在过去，内联升可是只有达官贵人才穿得起的名牌鞋。就看这名字起的：内，专指大内宫廷。"联升"二字不难理解，连升三级，官运亨通啊。有了吉祥的名字和较强的实用性，想不让内联升成为百官们的首选都难。

内联升传统外观

如今的内联升总部坐落在大栅栏商业区，一座四层高的建筑向过往的行人展示着它的辉煌。在店外的橱窗内，展示着内联升从古到今的经典作品，既有古代宫廷中皇上、娘娘穿的鞋，又有如今改良后大人小孩穿的布鞋。

走进店铺，室内装修得金碧辉煌，黄瓦红柱，描金彩绘，古香古色，整个一个清朝的建筑风格。

一层二层是闭架式的柜台，这也是内联升为了保护传统而在

四、市井百态图一乐

前两年特意从开架改成的，这样能够让顾客体会到旧时的购物方式，也能在与售货员的交谈中感受这项非物质文化遗产的魅力。

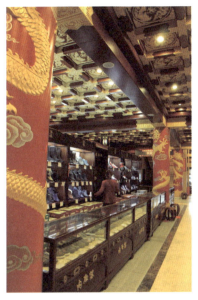 

内联升内景　　　　　　　内联升寓意步步高升

内联升带给顾客的感动蕴藏在一个个细节中。打开鞋盒，一阵清香扑来，原来，内联升在鞋盒内都提前为顾客放置好了樟脑球，怕您一没留神，布鞋受了虫蛀。这一点的贴心，使得很多人成为内联升的常客。

内联升鞋柜　　　　　　　三寸金莲鞋

三层便是内联升的非物质文化遗产展厅了。展厅里陈列着各式各样的布鞋，有早年间的三寸金莲鞋，有宫廷中的格格鞋，有民间老人最爱穿的老头乐，还有2008年北京奥运会时礼仪小姐的专用鞋。

老头乐其实就是早年间官靴的民间版，有点类似今天的雪地靴。整个鞋都由厚厚的棉花做成，别说穿上去，看上去就相当暖和。还有一点就是这鞋不分左右，给老人们省去了不少的麻烦。

这里还有一间布鞋加工间，里面鞋楦、麻线、锤子、钉子等工具应有尽有，还有叫不上名字的器具，加起来大大小小总共有20多种。

现场制鞋手艺展示

最值得一提的是，在整个店铺的一层，有个现场制作的展示间，每天都会安排师傅在这里现场制作布鞋，让顾客们亲眼见证布鞋的制作过程。据师傅说，所谓的千层底布鞋，其实只是一个夸张的说法，真正一双布鞋是有32层底的。纳底儿的每一针每一线都是亲手缝制，在一平方寸的鞋底上，要缝九九八十一针。

作为非物质文化遗产，内联升的布鞋越来越受到人们的重视。而真正对一个品牌、对一个文化类型的保护是将其留在生活中，使之成为人们的习惯，这样它才有发展下去的可能。

39. 茶香沁心"吴裕泰"

对老北京而言,吴裕泰是一个不会让人感到陌生的茶庄。北京人喜欢喝茶,除了去茶馆喝那一碗一碗的大碗茶外,一般人家中都会备点茶叶,而且会备一些花香沁人的茉莉花茶。尤其是会选择吴裕泰茶庄的茉莉花茶,因为耐泡。几泡过后,茶汤滋味依然醇厚,且香气依旧。

据说,这吴氏的茉莉花茶之所以耐泡,主要是因为吴裕泰早期发明的一种炒茶方法。一般的花茶加工程序是把绿茶茶胚和鲜花经过多次拌和,让绿茶充分吸收花香,所得茶成为原料茶,再将原料茶叶窨三四次,然后售卖。而吴裕泰的花茶则是窨六七次,且最后多加一道工序,将原料茶叶按其口味特点再次进行拼配。这样能保证花茶经久耐泡、花香持久,也形成了老北京赞不绝口的"裕泰香"。

正是这道独具特色的茉莉花茶的成功,使得吴裕泰茶庄在一百多年前的京城成为上至达官显贵、下至布衣百姓品茶会友的好去处。那时,吴裕泰还不叫茶庄,而叫"吴裕泰茶栈",创建于清光绪十三年(1887),因其自拼的茉莉花茶叫响了京城,逐渐在北京、天津等地开设了十余家分号。

新中国成立后实行公私合营时,吴裕泰茶栈改为"吴裕泰茶庄"。由冯亦吾老先生题写的"吴裕泰茶庄"横式牌

吴裕泰茶庄匾额

匾，成为茶庄的一个重要标志。

近几十年，吴裕泰在保持着老品牌的制茶工艺和茶叶质量的基础上，也在丰富产品线、扩大连锁加盟店、制造茶叶衍生品、进行现代企业化发展的道路上不断前进。百余年过去了，如今的吴裕泰依然用它的青砖灰瓦、红门门面特色迎客，为京城的平民百姓、往来商贾提供着香醇沁心的一道道好茶。

40. 御用药房"同仁堂"

2001年电视剧《大宅门》红遍了大江南北,也许有人还记得《集百草要让这世界都香》的歌词,但有可能不知道"神州国药香"这句广告和它有着怎样的关联。事实上,这句广告就来自被誉为"大清药王"的同仁堂,而同仁堂正是那百年大宅门的原型。在中医药行业里,同仁堂是个令人听了便肃然起敬的名号。而这百年老店的故事还要从明末清初的乐显扬说起。

乐显扬本和祖上一样是走街串巷、行医卖药的走方郎中,由于爱读书擅记药方,在京城小有名气后就被介绍入宫,做了清皇宫太医院出纳文书的吏目。乐显扬凭借他担任吏目这一官职期间收集的大量秘方和他早期做铃医积累的丰富经验,在康熙八年(1669)辞官创办了"同仁堂药室"。堂名"同"取自儒家经典"大道之行也,天下为公,……是谓大同"。"仁"字来自"仁者,爱人也"。"同仁"二字作为乐显扬"济世养生"、为百姓治病的药室之名就这么定下了。

同仁堂的古朴外观

同仁堂前的麒麟

经过几十年的发展，乐显扬之子乐凤鸣将药铺迁至前门大栅栏路南，并在宫廷秘方、古方、民间验方、家传配方基础上，完成了《乐氏世代祖传丸散膏丹下料配方》和《同仁堂药目》二书，使同仁堂声誉大振。书中提出的"炮制虽繁必不敢省人工，品味虽贵必不敢减物力"制药原则，吸引了各处病家、客商云集。声誉日盛的同仁堂博得了皇室的信赖，清雍正元年（1723）皇帝钦定同仁堂供奉御药房用药，从此时起至清朝退出历史舞台，其独办官药达188年。

如今的同仁堂，已是北京同仁堂集团、A股上市公司，"同仁堂中医药文化"入选首批国家级非物质文化遗产代表性项目名录。虽经历了时代的沧桑巨变，但仍是国人心中响当当的老字号。

时光荏苒，不少同仁堂药店的门脸依然保持着清宫建筑风格，而制药的承诺依然是"同心同德，仁术仁风"。

五、宗教胜迹余音绕

　　北京的宗教胜迹可谓是数量多、故事多、特色多、宝藏多，是今日喧闹繁华的国际大都市北京城中难得的神秘而宁静的养心居安之隅。

　　宗教寺庙在京城的发展从唐朝初步兴盛，辽金元明历代不断扩建，至清朝已达"庙宇不下千百"。很多人都知道北京的胡同很多，却很少有人知道北京的寺庙在清朝曾多到"条条胡同有寺庙"的地步。这里的寺庙泛指寺、观、堂、宫、庙、院等一切与宗教相关的建筑。清朝京城最多的神庙是关帝庙，有200多座。除了关帝庙和随处可见的观音庙之外，是道观（有大高玄殿、都城隍庙等）、喇嘛庙（仅朝廷敕建就有30多座，如雍和宫、护国寺），还有清真寺、天主教堂各4座；另外还有土地庙、真武庙、娘娘庙等。

　　京城的寺庙虽经战乱和自然灾害损毁大半，但至今仍保留下不少。有皇家敕建，也有民间自建；有亭台廊榭的寺庙庭院，有依山傍水的山林寺庙；有翻檐斗拱的中式亭台，也有风格迥异的西式堂顶；有红砖黄顶的佛家宝殿，也有绿瓦灰砖的清真礼拜寺。最令人感兴趣的当属这些寺庙背后所蕴藏的各种历史轶闻、传说故事。

41. 京都第一寺"潭柘"

潭柘寺始建于西晋永嘉元年(307),远比北京城的出现早上几百年,古谚有云:"先有潭柘寺,后有幽州城"。

潭柘寺经历了1700多年的发展变化。最初名为"嘉福寺",规模不大,却是佛教传入燕地后最早修建的佛寺之一。

唐朝武则天称周帝后第八个年号万岁通天年间(696—697),高僧华严和尚来此开山建寺,成今日潭柘寺之雏形,名曰"龙泉寺"。

潭柘寺方丈匾额

金代熙宗完颜亶御赐寺名为"大万寿寺"后香火日盛,此寺名常见于元明时期顺天府的地方志中。明朝后期,潭柘寺的旧称曾复用一段时间,但最终以"前有柘树,后有龙潭"民间惯称的"潭柘寺"一名沿用至今。清代康熙皇帝定为"敕建"之后,潭柘寺一度成为当时规模最大的皇家寺院,享有"京都第一寺"的美誉。

潭柘寺天王殿

现在的潭柘寺依然位于古址潭柘山麓,在北京市门头沟区东南部。寺区主体坐北朝南,背倚宝珠峰,周围九座山峰形若真龙九子呈环抱捧珠之势。

　　寺内为传统布局,中轴线的主体建筑依次列有牌坊、山门、天王殿、大雄宝殿、斋堂和毗卢阁;中轴线两侧为对称配殿,东路有钟楼、财神殿、方丈院、延清阁、流杯亭、行宫院和舍利塔;西路有戒坛、观音殿和龙王殿等。方丈院位于舍利塔南侧,斋堂三圣殿东侧。院内方丈室坐北朝南,原为弥陀殿,后改为方丈室正房五间。

潭柘寺古树

　　北方的冬季多寒风飘雪,从北边袭来的寒流被潭柘山麓的九山高峰阻挡,形成了温暖湿润的气候,供养潭柘寺内四方古树。寺院门前栽植形态各异的"柘树",是寺庙赖以成名、北方罕见的南方树种,稀有而珍贵。毗卢阁前的帝王树、配王树都是雄性,是"化石级"的古银杏树,树高40余米,直径4米有余,植于辽代。金秋十月,满地落黄,颇为震撼,因传言能预测皇帝的兴衰成败而被乾隆御赐"帝王树"。

五、宗教胜迹余音绕

"镀金剑光吻带"的琉璃鸱吻

龙王殿檐下"潭柘四宝"之一的石鱼

古寺千年也流传下来许多宝殿珍奇和奇趣故事。大雄宝殿是潭柘寺中最宏伟的建筑，值得一提的是大脊上的两只系有"镀金剑光吻带"的琉璃鸱吻的故事。相传是一夜骤然雷声大作，留宿寺中的康熙见屋顶的吻兽蠢蠢欲动、凌空欲飞，担心吻兽真会飞走，因而特命人打造金链将其缚紧。寺内建筑形式有殿、堂、阁、斋、轩、亭、楼、台、坛等多种。据传京城故宫内屋舍共计9999间半，巧合的是鼎盛时期潭柘寺刚好有999间半房间，坊间甚至传言紫禁城就是仿照潭柘寺修建而成的。

猗玕亭

中轴线西侧龙王殿檐下挂着"潭柘四宝"之一的石鱼，传说人身上哪里生病就摸石鱼身上相应的地方，伤病就可以痊愈。中轴线东侧乾隆宝殿旁的"猗玕亭"取"流觞曲水"之雅趣……

42. 巨刹红螺1600多岁

红螺寺始建于东晋成帝咸康四年（338），距今已有1600多年的历史。据《高僧传》记载，西晋末年，西域高僧佛图澄由于感梦来寻找北方佛教发祥地，弘法三十余年，先后建寺达893所，二十年无果。至东晋咸康四年，佛图澄来到渔阳城（今怀柔），发现红螺山山形上部如同舞动双翅的大鹏金翅鸟，下有佛祖成道时"触地印"瑞像，恰如他所梦之境，遂于此建寺，取名为"大明寺"。

民众新年祈福

红螺寺山门前高大的牌楼

五、宗教胜迹余音绕

红螺仙女

关于红螺山的来历，民间盛传一个故事：玉皇大帝两个女儿相伴下凡游览人间，看到此地山清水秀、胜过仙境，便化作一双斗大的红螺，潜入珍珠泉中，夜晚红螺吐放的红光映满山峦。于是此山就被当地百姓称为红螺山。"大明寺"也被民间惯称为"红螺寺"，沿用至今。

红螺寺为"十方常住"寺，千百年来高僧频出，世人称"南有普陀，北有红螺"。"金代住持"为高僧佛觉禅师，由金世宗完颜雍于1162年派往红螺寺任职。元代住持为云山禅师，成吉思汗将红螺寺立为皇家寺院。

高僧弘一法师题词

舍利馆

清嘉庆五年（1800），际醒祖师来此创建红螺净土道场，后圆寂于此且留下舍利。光绪年间，印光大师来此修学净土法门，后在普陀山创建享誉海内外的普陀寺净土道场。

现代的红螺寺地处北京市怀柔区城北5千米的红螺山南麓，也是我国北方最大的佛教园林。寺庙面积含10公顷古寺庙区，20公顷五百罗汉区，30公顷观音寺区，另与青龙山和中天门两个观景区、600公顷松竹、古树群，构成了总面积达800公顷的红螺寺景区。

五百罗汉园

景区林木覆盖率达到九成以上，有诗云"古寺倚瑶岑，森森竹径深"。仅五百罗汉区就有一千多亩古松树林，是北京市重要的古树群之一，其中陈设有十二生肖石雕，还有500个以真人大小比例用青石雕刻而成的罗汉。当地人也称此为罗汉沟。此地古木参天，空气清新，民间流传有顺口溜"罗汉沟中走一遭，身体健壮疾病消"。

须弥胜境与御竹林

踏进红螺寺山门前高大的牌楼往里，进入古寺庙区，抬头可看到红螺寺正门高悬一副楹联"一脉珠泉参妙谛，双峰螺岫证如来"。缓缓走进,映入眼帘的是"须弥胜境"四个大字的影壁。绕过影壁墙,便来到了御竹林。此片竹林已有600多年历史,清康熙曾到此降香观竹,并赐名御竹林。

往里深入,依次有天王殿、大雄宝殿、三圣殿位于中轴线上。两侧跨院有监院、方丈院、西塔院、延寿堂、十方堂等院落,整体结构对称、布局严谨。

三圣殿内壁画

祈福

登山礼佛

大雄宝殿前,有两株历经千年的银杏树,雌雄相伴,远近驰名。雄树开花而不结果,雌树结果而不开花。树龄1100年以上,树高30米,树围7米之多,颇有"双木成林"之势。当地人相传,每换一个朝代,雄银杏树就从根部长出一个新的枝干。

大雄宝殿之后,还有一处"紫藤寄松"——高达6米的数百年的平顶松,9个分支平稳地伸向四面八方。两株碗口粗的紫藤如龙蛇飞舞一样绕生在松树的平顶上,形成一个巨大的伞盖。苍翠松针之间，氤氲着紫色迷雾样的花朵。它们已度过了 800 多个春秋。"无限别来惆怅事，紫藤花落寺门前。"每年五一前后，乃是紫藤花期，藤萝花如串串紫玛瑙挂满枝头，最适来此赏花游玩。

红螺三绝景之雌雄银杏

大雄宝殿

紫藤寄松如同一把巨伞

五、宗教胜迹余音绕

43. "云居"四绝肉舍利

"匹马西风古树边,哪知此地有西天。山藏石刻五千卷,寺号云居八百年"。在京西被誉为"小西天"的石经山上坐落着一处佛家寺院,这里常年祥云常驻,清净殊胜,名曰"云居寺"。

古刹始建于隋末唐初,初建便有一段传奇。隋大业元年(605),高僧静琬来到幽州(今北京)凿山刻石经,隋大业十二年(617)隋炀帝驻节于此,知晓此事,萧皇后施舍千匹丝绢,朝野众人听说,都争相施舍。相传静琬大师

云居寺山门

就想在山前建一座木佛堂,可是苦于缺乏木材而迟迟未成。一天夜里山间传来巨响三声,雷电震山,天降大雨,第二天天晴

云居寺空中俯瞰

后，看见山下有大松柏树千株，树木顺河漂至，不知来处。"浮大木千统至山下"，寺庙方才落成。古寺至今已有1400多年历史。

云居寺经历代扩建，现为六殿五院、山藏石经洞、唐辽塔群，享"北方巨刹"之美誉。

寺庙坐西朝东，沿中轴线依次为天王殿、牌楼、毗卢殿、释迦殿、药师殿、弥陀殿、大悲殿。中轴主院殿群两侧坐落多个跨院与宝塔。南有祖师殿、地藏殿、南塔及琬公塔；北有千佛殿、北塔及三公塔等。

北方巨刹香火依旧旺盛

云居寺"佛经三宝"之石经

云居寺里有"佛经三宝"，享誉佛界；更有"四绝"，享誉世界。第一绝：世界最大石经馆，也是世界最大、最古老的石刻图书馆。隋大业元年，高僧静琬大师想到要用石头刻写经书。因北魏、北周都曾灭佛，为防法灭，静琬到幽州北山凿岩为室，磨平四壁，刻写经书，一室刻满，就用大石头塞住室门，再用铁器固定住。就有了这座石经山。唐开元十八年（730）唐玄宗的八妹金仙公主奏请，唐玄宗赐"大堂新旧译经"四千余卷作为云居寺石经的底本。经过辽、金、元、明、清历朝加以扩建，云居寺的刻造石经更负盛名。

寺庙藏有石经近14300方，分散在石经山9个藏经洞和石经地宫中。其中，隋唐石经4196块。最早开凿的为雷音洞，又称华严堂,四壁刊刻《法华经》《金刚经》等,洞内四根石柱支撑,共雕有 1056 尊佛,一佛一龛,乃千佛像中罕见精品。

云居寺"佛经三宝"之木经《龙藏》

云居寺"佛经三宝"之舌血经书

第二绝:纸经之舌血经书。云居寺现藏的纸版经多达 22000 多卷,还有极为罕见的"舌血经书"。明崇祯年间,妙莲寺比丘祖慧,洗净手后焚香,刺破舌尖,滴血入杯,每日以毛笔蘸血书写,成书 60 万字、共 80 卷的《大方广佛华严经》。

第三绝:红色肉身佛舍利。云居寺可吸引海内外信众前往拜谒,还有一个极其重要的原因在于佛祖肉身舍利。古刹发现的赤色肉身舍利,已达千年之久,保存完好,与北京八大处的佛牙、陕西西安法门寺的佛指,并称为"海内三宝"。这两颗色泽赤红、粟米大小的肉舍利,现存于首都博物馆,秘不示人,其佛光祥瑞不必赘言便可了然于心。寺庙佛塔

云居舍利塔唐塔

现收藏展示两粒佛祖骨舍利,信众进塔后入二层隔着玻璃可以清晰地看到。

第四绝:唐辽宝塔护千年。云居寺内现存唐塔七座,占全国的三分之一。其中,唐景云二年塔的历史最为悠久,是北京市最古老的佛塔;另外还有辽塔五座,分别为北塔、老虎塔、压经塔和纪念静琬高僧修建的琬公塔。唐代开元塔位于寺院内北塔的东北角。塔高4米,塔身上侧呈四方形,高1.22米。北塔底座上围绕着176块刻有佛偈语的浮雕砖。民间传言,1989年计划重修屡经劫难、瓦损砖磨的北塔时曾苦寻石砖而不得,谁知就在云居寺内北塔旁不远正好挖出了177块古时建塔的原砖。

44. 法源一寺悯天下

唐贞观十九年（645），唐太宗御驾亲征辽东，苦战高丽，痛失将士逾10万而战事未果。当唐太宗悻然回朝时，再遇出征前慷慨誓师之地，倍感凄凉，下诏在此地建寺以怀念10万战士亡魂。武则天通天元年（696），寺庙建成，赐名"悯忠寺"，这就是位于北京教子胡同的法源寺前身。

作为京城内现存历史最为悠久的古刹之一，法源寺已有1370多年的历史。原为缅怀英魂忠烈的悯忠寺在建立之初就带有悲情色彩。谁曾料想，这底色竟然伴随历史变迁，和寺前的石狮一同迎接过几位帝王。

北宋靖康年间，金兵灭辽后，开始南侵入宋，在中原地区恣意冲撞，"杀人如刈麻，臭闻数百里"。南宋绍兴二十六年（1156）六月，汴梁城门最终被金兵铁骑踩入尘土，皇城内硝烟四起。宋徽宗和宋钦宗以及3000多名皇室成员，作为监押的犯人被押解至燕京，一路凄惶，受尽折磨。"初怪上都闻战马，岂知穷海看飞龙"。故事的结局是，宋徽宗被囚禁于大延寿寺，而宋钦宗赵桓和辽帝耶律延禧则被囚居于悯忠寺内两月，并最终都悲惨死去。

历史的神奇在于它按照特定的轨迹不断演绎出新的故事和类似血泪。元二十六年（1289），南宋遗臣谢枋得抗元失败，被元军所俘押至大都（北京），拒不降元，同样被囚禁于此，在寺墙内绝食身亡。明代江西籍人士为纪念其忠烈行为，在法源寺北设立谢枋得祠，供奉谢枋得塑像以慰忠臣英魂，目前谢枋得祠仍保存完好。

明朝末代名将袁崇焕被冤惨死，背负着"汉奸"之名被刀刀凌迟。其部下佘义士冒死盗其头颅，秘送到这里恳请法师为之超度。佛光笼罩下，也许忠臣的亡魂能够得到一丝慰藉，而历史最终将还他迟来的正名——"悯忠"二字当之无愧。

清雍正十二年（1734）扩建为皇家律宗寺院，赐名法源寺。乾隆四十五年（1780）大修后，乾隆帝亲临寺院，赐御书"法海真源"匾额，匾额至今仍悬于大雄宝殿门楣。

法源寺采用传统中轴对称，七进六院。踏入山门，由南向北，依次为天王殿、大雄宝殿、悯忠台、净业堂、无量殿、大悲坛、藏经阁。毗卢殿内悬有清康熙御笔"存诚"大匾，笔势端正。

法源寺现为中国佛学院和中国佛教图书文物馆的所在地，1983年被国务院确定为汉族地区佛教全国重点寺院。2001年6月，法源寺作为清代古建筑，被国务院批准为第五批全国重点文物保护单位。寺内保存着众多文物古迹，现藏有文物2100件，一级文物34件，如唐代的《无垢净光宝塔颂》《悯忠寺重修舍利记》，辽代的《燕京大悯忠寺观音菩萨地宫舍利函记》等珍贵石刻。而其中《悯忠寺重修舍利记》中记载的"大燕城内，地东南隅，有悯忠寺"一句更成为史地专家推断当年幽州城规模和大致格局的重要史料证据。

法源寺为10万亡魂而建，千年以来静默不语，却见证过数代王朝更迭。历史翻页而过，而法源寺用它的磬铃钟鼓和悠缓颂唱记录曾经的悲怆。

五、宗教胜迹余音绕

45. 京味牛街礼拜寺

牛街礼拜寺是北京四大清真寺之首。始建于辽代圣宗统和十四年，即北宋至道二年（996）。它是京城最大、最古老、最著名的伊斯兰教寺庙，从源头上保留了伊斯兰文化的特质，同时又融合了老北京文化的特质。

据《古教西来历代建寺源流碑文总序略》拓片记载，阿拉伯人革哇默定来幽州（今北京）传教，其次子那速鲁定奉敕创建清真寺。明成化十年（1474）建寺指挥詹升，请皇上赐名号，奉敕赐名"礼拜寺"。元明清各代多有扩建。1979年国家斥资修葺，

礼拜殿

"牛街礼拜寺"平面图

善庆堂

耗时一年，1980年对外开放。

寺庙占地9280平方米，由殿堂楼亭组成的中国宫殿式的伊斯兰教古建筑群，坐东朝西，红绿相容，面朝麦加，体现穆斯林教义。

东西中轴线自西向东的主体建筑依次有木牌楼、望月楼、礼拜大殿、邦克楼，中轴线两侧坐落南、北讲堂和南、北碑亭。北讲堂原名"善庆堂"，始建于明代，1921年翻修，为伊玛目（清真寺掌教）住室和会客、讲经之处。

入寺礼拜的回族青年

邦克楼

院落南侧为涤虑处（浴室）和阿訇宿舍。涤虑处为穆斯林沐浴之所，作为男水房，"涤虑"意为不仅涤净其身，还要清除杂念、洁净心灵。匾额为回族知名人士马维清书。

寺院东北角为清真女寺，建有女水房、女殿，供女信众入殿礼拜。清真女寺乃民国十一年（1922）建成于西城区宣武寿刘胡同，2005年在牛街礼拜寺内异地还建。

全寺位置最高处为望月楼，用作封斋、开斋观望新月之所，为清朝康熙年间增修，楼顶覆以黄色琉璃瓦，楣间悬"敕赐礼拜寺"额，原匾已毁，当代修复改书"牛街礼拜寺"。

全院核心建筑为礼拜大殿。扩建后的礼拜大殿现为五楹、三连、七层，可容千人礼拜。正壁木刻经文阿拉伯文。殿内右隅设宣教台，为聚礼日教长宣谕之处。全殿21根柱子、拱门、崇棂全部施以红色，地板上铺以绿色的拜毯，礼拜者须脱靴履于户外，始可登殿。而红绿相配，更显该寺的独特之处。

涤虑处（男水房）

清真女寺

殿前左右碑亭立"大明弘治九年岁次丙辰礼拜寺增修碑记"和"万历岁次癸丑仲春重修碑记"石碑。殿后向西凸出的建筑，为朝向殿。

大殿深处西端为窑殿，六角形的攒顶，内有藻井，方梁绘有花卉，乃宋代遗物，极为珍贵。窑殿内珍藏有阿拉伯文、波斯文手抄本和印刷本等贵重经典。例如：阿拉伯、波斯两种文字对照的一部30卷《古兰经》是30多年前的一位中国阿訇精心用青、红两色竹笔书写成的。多件明清时期带有阿拉伯文、波斯文、汉文的陶、瓷、铜、铁器皿。

牛街礼拜寺体现了中式文化和伊斯兰文化的相互融合。绿色是传统清真寺的主色调，在伊斯兰文化中代表生命和安宁，象征着美好的生活。而与传统的清真寺最大的不同之处，牛街礼拜寺大殿中多采用红色朱砂，以红漆绿柱、雕廊画柱为最主要的建筑风格,绿色与红色的交相辉映,更显华美庄重。

牛街礼拜寺中"牛街"这一称谓的来历颇有民俗之意。据明朝嘉靖年间张爵所著《京师五城坊巷胡同集》中尚无"牛街"的记载。这一带古时原有一片石榴园,大家把这里叫"榴街"。因为榴街的住户多为回民,做出的牛肉出了名的好吃,再加上"牛""榴"谐音,慢慢地就把"榴街"改称为"牛街"。

牛街礼拜寺内的现代电子屏

牛街的招牌小吃

如今,在北京西城区的这条"牛街",是一条南北纵向大街,辖区包括包家、西大、石羊三条胡同。这里有象征伊斯兰文化的清真寺,有往来的戴着白色无檐小圆帽的回民,有回荡在空气中的回民相互的问候语"赛俩目",还有各种美食。饮食种类,除了传统的清真牛羊肉烹制的美食,还有融合了京鲁风格的传统小吃,比如豆汁、爆肚等都是如今代表北京特色的有名小吃。

可以说,牛街不仅带来宗教和文化的融合,而且带来本土饮食和清真饮食文化的融合。

牛街路口现代街景

五、宗教胜迹余音绕

46. 汉藏同在碧云寺

碧云寺始建于元朝至顺二年（1331），相传元丞相耶律楚材后裔耶律阿吉改宅为寺，初名"碧云庵"。明正德年间御马监于经扩建，改名为"碧云寺"。其后，明熹宗天启年间，宦官魏忠贤又进行修葺。明代何栋曾咏诗赞曰："万峰围殿阁，碧色净如云，树影栏前落，泉声竹里闻；攀萝丹磴转，凿石翠流芬，独爱空林静，焚香对鹤群。"至清乾隆年间朝廷斥资大规模扩建，建成前为汉寺后为藏寺，独具一格的寺庙。

碧云寺

汉传、藏传佛教同在一寺的碧云寺，至今已有700多年历史，是典型的山林寺庙，从元朝到清朝一直为皇家专用。

碧云寺建设初期的布局为当时典型的"汉传佛寺"建制，利用地形，自东向西依山势逐步升高，随地段平缓填土筑台围成院落。从山门开始沿中轴线布置了四进院落五座殿宇。沿山门而入，五殿依次为天王殿、弥勒殿、大雄宝殿、菩萨殿和普明妙觉殿。

主殿大雄宝殿前墀台放置香炉，院中央一方形水池为荷沼，内植荷花蓄养金鱼。明朝末年，在寺庙山后凿泉引水，建了一个园林式庭院"水泉院"，并把泉水引至荷沼。水泉院的建设在北方寺院中很少见到，这一泓溪水的引入，独具匠心，使碧云寺充满无限生机。

碧云寺殿宇分布图

水泉院

大雄宝殿

至清朝藏传佛教盛行，乾隆十三年，碧云寺开始扩建，主轴线上增加了两进院落，修建了牌楼、罗汉堂和金刚宝座塔，形成了以金刚宝座塔为制高点的升高中轴线。金刚宝座塔坐落于寺庙最西边的院落，位置最高，登上可俯瞰西山之下的景色。这座塔

五、宗教胜迹余音绕

的建筑规模超过了真觉寺的金刚宝座塔,它通高34.7米,是中国现存最高、最大的金刚宝座塔。塔的基座宏伟,分为五层,雕有弥勒佛像、天王像和龙头,这在其他塔上并不多见。

中国现存最高、最大的金刚宝座塔

通往金刚宝座塔的石牌坊

碧云寺里流水潺潺、绿意盎然,乃风水宝地。古寺在明代的扩建故事颇有意味。明武宗正德十一年(1516),以佞幸得宠的御马监太监于经相中了这块风水宝地。他利用税收和从皇帝处所得钱财扩建了碧云寺,又在冢上种植了青松作为死后葬身之所,据说这叫"青松压顶"。因为有过这样一段历史,当地人都把这座寺称为"于公寺"。后来于经下狱瘐死,葬身碧云寺的打算也落空。

明熹宗天启三年(1623),魏忠贤也看中这块宝地,再度扩建碧云寺,想作为自己死后墓地。但五年后魏忠贤也获罪,墓穴遂废。经过这两次扩建,富有明代建筑特点的碧云寺业已成形。

另外,与其他寺庙不同,碧云寺里还有一处非常特别,那就是位于寺院中心的孙中山纪念堂。孙中山纪念堂原为普明妙觉殿,1925年3月孙中山在北京逝世后,其灵柩在4月2日移至碧云寺金刚宝座塔石券门内暂厝,直到1929年5月中山陵落成后,其遗体才被移往南京紫金山。为纪念中山先生遗体暂厝之地,当时的国民政府在普明妙觉殿立"总理纪念堂",在金刚宝座塔石券门石塔立"总理衣冠冢"。

碧云寺里的孙中山纪念堂

普明妙觉殿于 1954 年进行过大修，并复命名为"孙中山纪念堂"，由宋庆龄手书于正厅上横匾处。正厅内中央是孙中山先生的半身塑像，右侧放置着 1925 年 3 月 30 日苏联政府送来的玻璃盖钢棺，因孙先生已入殓，未曾使用。

五、宗教胜迹余音绕

47. 航拍法海千年松

一提到"法海寺",许多人首先想到的是传说中拆散白娘子与许仙的僧人法海,但此庙却和这个神话故事相去甚远。此处的"法海"不是人名,而是借用佛语本义。明英宗为表"佛法广深如海"之意,故敕赐寺名"法海禅寺"。

法海寺建于明朝正统四年(1439),距今近600年。相传,明英宗年少登基,御用监太监李童承蒙英宗拔擢,心怀感激,终日思忖着修建梵刹庙宇以表恩情。结果有一夜得神人梦中明示,醒后便派风水术士遍寻宝地,终于在京西翠微山寻得龙泉古刹,遂建此庙。修建法海寺共耗时近5年,明英宗除了钦赐寺名,还屡次向法海寺馈赠《大藏经》、青铜经咒佛钟等,足见法海寺作为皇家寺庙的地位。

法海禅寺

法海寺山门

法海寺现今位于北京市石景山区翠微山南麓,模式口大街北侧。说是大街,实则是村庄里一条人车拥挤、小商铺比肩的北京胡同,也是京城难得的一条"山上胡同"。模式口村明清时已发展成京西重镇,朝廷派有军士把守。模式口大街中段驱车开向山上,路尽头西侧为龙泉寺,东侧为法海寺,现此片山麓划为法海寺森林公园。

鸟瞰法海寺全貌

寺庙山门前的参天柏树

至法海寺,映入眼帘的是山门悬挂的"法海禅寺"匾额及门前的四株参天柏树。

寺院顺山势而建,沿中轴线拾级而上为四天王殿、大雄宝殿、药师殿和藏经楼。大雄宝殿前的两株白皮松树,山门前的四株柏树,高耸挺拔,从空中俯瞰,松柏相间,如同护法。

法海寺有"五绝",除了前文提到的千年白皮松,还有山门外的"四柏一孔桥"、曼陀罗藻井、御赐梵文青铜经咒佛钟和大雄宝殿多面墙壁的大明重彩壁画。寺庙虽经战乱、人为破坏，损毁较多，已不如明朝初建时那么宏伟，但因地处山腰、远离喧闹，也躲过不少破坏，仍保留了三进院落。特别值得庆幸的是，由于混乱年代宝殿内既没通电也无大窗，殿内一片漆黑，珍贵的大明重彩壁画未被人为损坏而保留下来。这些大幅重彩壁画是元明清以来少有的全部由宫廷画师绘制的巨幅作品，用料考究、笔功精细。在法海寺壁画真迹中，共描绘了77个人物，水月观音像算得上是最受欢迎的作品之一。画中的水月观音，神清色明、面容安详、轻纱罩体、衣纹如丝，仿佛在拂动，尽显慈悲。法海寺的壁画，被作家舒乙赞誉为"中国的西斯廷教堂"，堪与西方教皇专用的西斯廷教堂中悬挂的、由米开朗琪罗制作的巨制壁画《最后的审判》与《创世纪》相媲美。

航拍法海寺内千年白皮松

爱上北京的 100 个理由

48. 第一教堂为南堂

宣武门南堂被称为"无玷始胎圣母堂",又名"圣母无玷原罪堂",是京城第一座天主教堂,因其位于老北京城城南的宣武门大街,故名"南堂"。初建于明万历年间,已有 400 多年历史。

宣武门南堂

南堂内利玛窦雕像

南堂历经多次损毁与复建。明朝时期,意大利耶稣会士利玛窦漂洋过海来到中华大地,在南方肇庆立足传教。当时国人并不了解天主教,利玛窦立志北上叩见皇帝,于明朝万历二十九年(1601)抵达京城。利玛窦深知明朝当时朝堂风气,献自鸣钟、绘圣母像,遵中华俗、敬祖先礼,结交大臣,得到皇帝赏识。明神宗皇帝恩准利玛窦,可将朝廷批给来华耶稣会士的住地旁边的"首善书院"作为私人的祈祷所。后因信众日多,明万历三十三年(1605),利玛窦神父将私人祈祷所改建成一座小教堂,这便是南堂。

清朝顺治元年(1644),刚入关的清廷下令,命北京内城的居民,在三天之内迁往外城居住,内城只允许八旗旗民居住。接

五、宗教胜迹余音绕

替利玛窦掌管教堂的德国耶稣会士汤若望向清廷上了奏折，以天主教传教书籍、测量天象的各种仪器等都存放于内城，无法在三天内尽悉搬迁为由，恳请恩赐"仍居原寓，照旧虔修"。皇帝恩准，教堂因此没有搬离。

清顺治七年（1650），汤若望在原教堂的基址上修建了20米高的巴洛克式大教堂，同时还修建了天文台、藏书楼、仪器馆和起居馆，并撰文立碑。顺治皇帝多次微服私访此地，赐有御制"通玄佳境"匾额。后来顺治帝又赐近千字的《御制天主堂碑记》，刻于一块大理石碑上，立于南堂东侧墙。此石碑历经近350年的风雨，碑文至今仍依稀可辨。

南堂内景

顺治帝题"通玄佳境"匾额

清康熙二十九年（1690），南堂成为中国天主教北京主教堂，后受地震、火灾等多次破坏，康熙帝特赐国库银十万两，"饬工部重建大堂"。

清道光十八年（1838）南堂被封关闭。清咸丰十年（1860），英法联军攻占北京，清廷被迫签订《北京条约》，同意"给还旧产"。

后北京地区天主教的主教座堂移至北堂，南堂的重要地位从此被改变。1900年，南堂被义和团焚毁。《辛丑条约》签订后，外国传教士用庚子赔款重修南堂，1904年修成并存留至今。大堂立面造型仍然保留了巴洛克式风格。

1958年起，南堂再次成为北京地区天主教的主教座堂，1978

巴洛克风格的大堂立面

年正式对外开放，也是北京第一个对外开放的宗教场所。1999年北京市政府拨款130万元，将南堂修葺一新。从2004年起，非天主教徒也可入院参观。2008年北京奥运会期间，南堂为奥运会期间的国外友人提供弥撒。

如今，南堂位于北京西城区前门大街141号。大门为中式建筑，迈进大门，可看到利玛窦的立身铜像，西跨院有天爱诊所、起居室等。绕过东侧假山"环水的圣母山"，来到东跨院，可以看到典型的巴洛克式风格的教堂主体建筑。教堂坐北朝南，高36米、长50米，堂内穹顶，柱顶有木刻浮雕镏金花纹，窗户镶有彩色绘制玻璃。南堂为砖木结构，青砖墙面，青瓦屋顶。这些均体现出天主教对中国传统文化更多的认同。

南堂弥撒区

南堂内景窗饰

五、宗教胜迹余音绕

49. "龙潜福地"雍和宫

公元1735年,登基十三年的雍正皇帝驾崩。按照清朝惯例,皇帝死后,先在乾清宫停灵半个月,再移往景山寿皇殿,数日后移至清陵。但雍正帝的灵柩却没有停驻寿皇殿,而是停在了他登基之前的府邸——雍亲王府。

雍和宫

雍亲王府,为康熙三十三年(1694)康熙帝下诏建造的一座赐予第四个儿子雍亲王的府邸。待到皇四子雍亲王登基后的雍正三年(1725),雍正帝下旨将此府邸作为行宫,改名为"雍和宫"。至乾隆九年（1744），乾隆帝依皇太后意愿，将父亲雍正帝的这座行宫改为庙（视作功德庙），一座藏传佛教寺院，依然称为"雍和宫"。

雍和门

据《清净化城塔记》载，"雍和宫"这一称谓的藏文发音为"噶丹敬洽灵"，意为兜率壮丽洲，那是弥勒菩萨的国土。从名称的沿用和宫庙用途的转变，就不难看出从清朝雍正到乾隆年间，皇家与藏传佛教之间紧密的关系里，藏有很多故事。

这第一个故事是一段不得不提的秘史轶事。据梁启超所言，藏传佛教在清朝能受皇家倚重，源于康熙帝的两位皇子对宫廷皇权的争夺。清康熙年间，因康熙帝是比较有思想自由的人，不独政治上常采宽仁之义，还热心向慕文化，极信科学、极喜美术，西教、佛教一片热闹。相传当时耶稣基督西教徒党与皇太子允礽，喇嘛寺僧党与皇四子胤禛，双方暗斗，黑幕重重，在经过允礽太子之位两立两废之后，最终四子胤禛夺得皇权成为雍正帝。雍正帝即位后，再加之罗马教皇颁布的"1704教令"不许教徒拜

五、宗教胜迹余音绕

祖先（详见本书"北堂"篇），西教势力遂一败涂地。从此，开启了藏传佛教在清朝雍正、乾隆年间至高无上的皇家地位。

第二个故事就要说到致力于民族团结、走出雪域高原的六世班禅大师的故事。乾隆四十三年（1778），常住京城的三世章嘉呼图克图向乾隆帝奏报六世班禅大师想"来京朝见大皇帝"。乾隆帝十分高兴，下令"过两年朕七十大寿，请他到热河相见"。为迎接大师到来，乾隆帝一方面大兴土木，在多地兴建迎接庙宇行宫，在雍和宫内改建"班禅楼"和"授戒殿"（现在的戒台楼）；另一方面开始学习日常藏语与佛法。乾隆四十四年（1779），六世班禅大师率三百僧众冒着生命危险，翻越雪山，横穿戈壁，历时一年，行程万里，于翌年七月抵达热河行宫。当天，乾隆皇帝御驾至热河亲迎；翌日，又至班禅下榻处看望，用藏语与大师交谈。乾隆四十五年（1780）九月，班禅由热河行抵北京，下榻西黄寺。十一月，六世班禅圆寂于西黄寺。在京数月，六世班禅六次在皇六子陪伴下莅临雍和宫，讲经礼佛、为僧人受戒。

戒台楼

第三个故事就要讲到金瓶掣签制度的由来。清乾隆四十九年（1784），六世班禅的兄弟之间正因选活佛而闹内讧，廓尔喀（今尼泊尔）趁机侵掠西藏，班禅之兄、仲巴呼图克图的噶玛噶举派红帽系十世活佛确朱嘉措应声外逃至廓尔喀，而大喇嘛、济仲、札苍等遂托占词认为不可守城，以致众喇嘛纷纷逃散，盗匪猖獗。

乾隆五十六年（1791），廓尔喀再次入侵西藏，大肆抢掠寺庙，攻打城池，于是乾隆帝派嘉勇公福康安率兵入藏平乱。

掣签制的"金本巴瓶"（复制品）　　　雍和宫一角

平定战乱后，为杜绝大活佛转世灵童寻访认定再次引发内讧，乾隆五十八年（1793），乾隆皇帝制定《钦定藏内善后章程》（共二十九条），史称"金瓶掣签制度"，即选活佛的金瓶掣签制。在摄政活佛或总管扎什伦布寺事务的扎萨克喇嘛主持寻访灵童后，要用满、汉、藏三种文字写明于签牌上，放进金瓶（因藏语称瓶为本巴，故也叫"金本巴瓶"），选派真正有学问的活佛，然后由各呼图克图和驻藏大臣在大昭寺释迦佛像前正式认定，再请转奏皇帝批准举行金瓶掣签。至今，清朝依制特制的两个金瓶保存完好，一个奉于拉萨大昭寺，另一个奉于北京雍和宫。

这最后一个故事，是藏在"四体碑亭里的刀光剑影"。乾隆五十七年（1792），已到"耄近归政年"的乾隆，为告诫后世子孙吸取"元朝之曲庇谄敬番僧"的教训，阐述"兴黄教，即所以安众蒙古""安藏辑藩，定国家清平之基于永久"的治国安邦之策，撰写了《喇嘛说》，刻于石碑，立于此。

这块御制的石碑上的碑文也成为"金石补史"的重要资料。文中一些史料颇有意思，摘录于此，可免游人现场抬头望碑。碑文开篇阐述了藏传佛教的缘起和"喇嘛"的由来，刻有"佛法始

五、宗教胜迹余音绕

自天竺，东流而至西番，其番僧又相传，称为喇嘛。喇嘛之字，《汉书》不载，元明史中或讹书为剌马。予细思其义，盖西番语谓上曰喇，谓无曰嘛，喇嘛者，谓无上，即汉语称僧为上人之意耳"。

碑文还对藏传佛教和它在清朝的地位予以阐述："喇嘛又称黄教，盖自西番高僧帕克巴，始盛于元，沿及于明，封帝师国师者皆有之。""我朝唯康熙年间，只封一'章嘉国师'，相袭至今（我朝虽兴黄

四体碑亭

教，而并无加崇'帝师'封号者，唯康熙四十五年，敕封'章嘉呼图克图'为'灌顶国师'，示寂后，雍正十二年，仍照前袭，号为'国师'）。其达赖喇嘛、班禅额尔德尼之号，不过沿元明之旧，换其袭敕耳。""我朝虽护卫黄教正合于王制所谓'修其教不易其俗，齐其政不易其宜'；而惑众乱法者，仍以王法治之，与内地齐民无异。""去转生一族之私，合内外蒙古之愿，当耄耋归政之年，复成此事。"

四块御碑的碑文也阐明了当时清朝国力的强盛和民族的统一。清乾隆帝撰写的碑文《喇嘛说》，用满、汉、蒙、藏四种文字雕刻于碑的四面，立于"四体碑亭"中，也成为独特珍贵的史迹。

时过境迁，雍和宫依然坐落于原址，现位于北京北二环东北角内，历经多次修葺，保存完整、香火鼎盛。因雍和宫既是雍正帝登基前的行宫，又是乾隆皇帝的诞生之处，出了清朝两位皇

帝,被称为"龙潜福地"。清朝时期建制规模采用与紫禁城皇宫同级规格,殿宇为黄瓦红墙。整个宫庙,共七进院落,前部两跨院的七座建筑:昭泰门、钟楼、鼓楼、雍和门殿、雍和宫殿、讲经殿、密宗殿,呈现了中国佛教寺院"伽蓝七堂"式标准布局。

雍和门殿　　　　　　　　　　　万福阁

寺院前端矗立了三座牌坊,昭泰门前铺设辇道,尽显皇家敕建气势。沿着中轴线,主体建筑自昭泰门、雍和门、四体碑亭、雍和宫殿、永佑殿、法轮殿,依次升高,至万福阁达到最高,后有绥成殿为背靠。

人们到了雍和宫,除了欣赏各类佛尊、唐卡、戒衣、器皿等900多件珍贵文物外,不能错过的还有驰名海内外的"雍和木雕三绝":五百罗汉山、金丝楠木佛龛、檀香木大佛。

"五百罗汉山"由紫檀木雕刻而成,高近5米,长3.5米,位于法轮殿宗喀巴铜像的后面。在由稀有老紫檀木雕制而成起伏的山体中,五百罗汉像置于其间,或打坐参禅,或对弈论道,或乘龙遨游,或驾鹤飞升,百态不重样,栩栩如生。五百罗汉用金、银、铜、铁、锡五种金属制成,每个罗汉高约10厘米,现存罗汉449尊。

"金丝楠木佛龛"里外三层,龙云图案,纹理细腻,坐落在原乾隆皇帝生母孝圣宪皇后的私人佛堂昭佛楼内,是按照房间的大小量身定做的,高5.5米、宽3.5米,整体由金丝楠木打造,周身共雕刻着金龙 99 条,或昂首探爪,或扶摇直上,栩栩如生。

而 18 米高的"檀香木大佛",更是在 1990 年就被载入《吉尼斯世界纪录大全》。相传,这块巨大的白檀木,为七世达赖喇嘛购买运至京城,献给乾隆帝的礼物。乾隆帝下令将此所进白檀木雕凿成二十六米高的慈氏弥勒立像,置于扩建后的万福阁内。此像地面高 18 米,地下埋入 8 米,直径 8 米,佛身贴满金箔,头戴华冠、身披袈裟、项挂玉朝珠,神态庄严慈悲,气势宏大,望者震撼。

如今,每年参观雍和宫的海内外僧侣、游客人数众多,络绎不绝;或是参拜礼佛,或是欣赏珍宝,或是寻访古迹,或是追寻史事。而每年过年期间抢头香祈福平安,更成为民众乐此不疲之事。

50. 北堂圣母穿皇服

在近代中国,随着天主教的逐渐兴起,北京城中教堂日益增多,其中最为著名的四座分别为"南堂"(宣武门教堂)、"西堂"(西直门天主堂)、"东堂"(王府井天主堂)与"北堂"。其中"北堂"也就是西什库教堂。

西什库教堂的历史最早可追溯至康熙年间。清康熙三十二年(1693),两位天主教教士为治愈康熙皇帝的疾病在朝廷的支持下于皇城内蚕池口(今中南海内)修建教堂。1703年建成开堂,时称"救世主堂",这就是西什库教堂的前身。

西什库教堂

清光绪十三年(1887)清政府将教堂迁移到如今的西什库重建,1900年教堂建成。据《燕京开教略》记载:"其堂之格局,堂内空地总长二十五丈四尺有余,正祭台前后左右计宽十丈。进堂时,必经三排铁栅而入,铁栅正中俱有铁门,系巴黎巧匠所制。大堂正面两旁,有中国式黄亭各一座,内藏皇帝圣谕石碑各一块。"

1900年发生了一起被

记入史册的西什库教堂事件。当时,义和团运动兴起,有句口号是"吃面不搁酱,炮打交民巷;吃面不搁卤,炮打英国府;吃面不搁醋,炮打西什库"。北京的东、西、南三座天主堂相继被义和团损毁。1900年6月15日,义和团围攻西什库教堂,与堂内约三千名中外教徒、四十余名法国和意大利士兵,僵持了半个月;直到1900年8月16日,八国联军攻陷北京后,事件方结束。

西什库教堂,现址为西城区西什库大街33号。教堂除了主体建筑外,还包括北堂图书馆、后花园、印刷厂、孤儿院、大修院、万生医院以及光华女子中学、若瑟修女院和天主教华北教区主教府等附属建筑群,是北京最大和最古老的教堂之一。

西什库教堂是一座典型的哥特式建筑,而教堂前的两侧却分别被一座中式四角攒尖黄色琉璃瓦顶的小亭环绕着,亭中各有一座白色大理石碑。因此,这个黄瓦双亭配哥特样式的教堂风格,也被视为中西合璧的建筑。

这种中西文化交融还体现在另一个层面:着皇服的圣母图。在西什库教堂内有不少画作悬挂在墙壁上,最为著名的是两幅与众不同的圣母图。其中一幅圣母怀抱圣子坐在清代龙椅上,母子都穿着清代的皇家服饰,圣母还佩戴着朝珠,这幅图被认为是中国的圣母图。而另一幅则是穿着高丽服装的圣母怀抱圣子图,传闻是高丽王所赠。

说到这中西文化交融的圣母画作与教堂建筑,就不得不借用梁启超之言,道出这背后的原委。那是在明末清初,欧洲传教士因内部争斗,一部分人来中国传教。来华教士如利玛窦、汤若望等人深谙皇宫戒律,他们知道中国人不喜欢极端迷信的宗教,所以专把中国人所最感缺乏的科学知识来做引线,表面上像把传教变成附属事业,所有信教的人仍许他们拜"中国的天"和祖宗。这种方法行之数十年,卓有成效。北堂所藏着皇服的圣母图与黄瓦双亭配哥特样式的教堂风格,就是典型的表现。

然而，对于当时的传教士而言，时局也是起伏的。清康熙四十三年(1704)，远在欧洲的罗马教皇不懂清朝形势，突然发出"1704年教令"，其中关键要件为"禁拜祖宗"，这使得传教在华受到顿挫。至清雍正帝即位的第一年（1723），欧洲传教士忽然被去除净尽（这其中的故事参见本书"雍和宫"篇），"而这一搁就搁了两百年"。

如今，西什库教堂还静静地伫立在那里。教堂的钟声不时地响起，不仅缅怀着历史，还祝福着现在的人们。

六、名人故居隐于市

要说北京灿若星河的名人故居，除了帝王将相的高堂大殿之外，还有许多别具一格的雅致去处，隐藏在宽街窄巷的市井民居之间，这些名人和他们的传奇故事，皆与北京这座城的历史，融为了一体。

朝代兴废旧事，令人感慨。而在其中，有如文天祥这般忠君爱国不事二主的志士，也有如于谦、袁崇焕这般为镇守北京而埋骨他乡的忠魂。更有如曹雪芹这般披阅十载，增删五次，用一部传世之作《红楼梦》写尽人世间的兴衰沉浮、悲欢离合。

而翻开近代风雨飘摇的篇章，作为思想政治文化中心的北京，更是吸引了各界志在救亡图存的仁人志士。意在新民的思想巨人梁启超、改换大学面貌的教育大家蔡元培、学贯中西的绘画大师徐悲鸿……他们在北京留下的匆匆足迹，掀起了一场场伟大的思想、艺术变革，为北京注入了新的文艺气息。

名人与名城，不知是谁成就了谁的伟大。也许，漫步于那些散落于嘈杂市井之间的故居，前去倾听街巷之间流传的旧闻逸事，会比装点一新、供人拍照的琼楼玉宇，更能激起我们的好奇心，对他们的人生之路一探究竟。

六、名人故居隐于市

51. "文天祥祠"正气长

唱罢帝王业,谁叹英雄冢。作为帝都的北京几经江山易主,也埋葬了无数英雄豪杰的故国梦。其中最负盛名的当属写下"人生自古谁无死,留取丹心照汗青"的南宋名臣文天祥。东城区府学胡同西口内路北,曾经是文天祥遭囚禁和就义的地方,也是今日文丞相祠的所在地。

文天祥生活在宋末元初的动荡年代。宋端平三年(1236)出生,在宋宝祐四年(1256)20岁的年纪便高中状元,完全可平步青云,但他志不在荣华富贵,因改革主张曾被五度罢官。1275年,文天祥弃文从武,在江西组织义军北上抗元。次年正月,元军兵临临安城下,文武官员纷纷出逃。他临危受命,任右丞相前往元营谈判,与伯颜据理力争。不料南宋的一纸降书,使他沦为阶下囚。他在押解途中逃离元营,辗转流亡至南方仍坚持抗元。

文天祥塑像

至元十五年(1278)冬,文天祥在率部向海丰撤退的途中遭到元将张弘范的攻击,兵败被俘。张弘范要他致书招降张世杰,文天祥将所作《过零丁洋》诗予之,"人生自古谁无死,留取丹心照汗青",名震千古。他被俘时开口只有一句"愿赐一死足矣",押解途中以绝食抗争不成。冥冥中他与北京的夙缘尚未终结,他决心要死得其时,死得其所,遂被押解一路北上,历时 5 个月终于 1279 年秋到达元大都。

享殿

文天祥祠

府学胡同 63 号,元大都兵马司土牢,是文天祥被囚之地。牢中长满霉苔,饥鼠出没,虫蝎乱钻。夏则暑热炎蒸,冬则冷彻骨髓。在这样的环境中,他度过了人生最后三年零两个月的囚期,写下了三百多首诗文,其中就包括义薄云天、光耀千古的《正气歌》。在此期间,元朝还千方百计地对他逼降,参与劝降人物之多,威逼手段之毒,利诱条件之优厚,远超其他宋臣。以至于最后忽必烈亲自出马,开口许诺称:"汝以事宋者事我,即以汝为中书宰相。"文天祥不为所动,慷慨坦陈:"天祥为宋状元宰相,宋亡,惟可死,不可生。"在严词拒绝忽必烈后不久,他留下了"孔曰成仁,孟曰取义,惟其义尽,庶几无愧"的《绝命辞》,从容就义,年仅 47 岁。

今日的文丞相祠内,已无元朝土牢的愁云惨淡之相,代之以"大门、正殿、享殿"的三进院落,一副"地老天荒,不忘一部中华史;山呼海啸,齐唱千秋正气歌"的楹联追古溯今,写尽英雄之壮烈。祠堂里尚有株古枣树,相传是文天祥亲手所植,其树根深叶茂，枝干虬曲，奇特之处在于躯干向南生长，与地面倾斜成45度，寓"臣心一片磁针石，不指南方不肯休"，被称为"指南树"。

祠堂里的"指南树"

52."郭守敬馆"治水功

郭守敬是何许人也,很多人也许并不清楚,但提到北京的名人,他却是绕不开的一号人物。他在700多年前完成的北京河湖水系工程,是北京建城的基石,今天人们谈论北京的磅礴与繁华,不能遗忘这位天才巨匠的功绩。

什刹海西海北岸的汇通祠

郭守敬石像

北京郭守敬纪念馆位于德胜门西大街,什刹海西海北岸的汇通祠内,汇通祠在明朝旧称法华寺,乾隆二十六年(1761)重修改名汇通祠,在1976年修建地铁时被拆除,1988年在北京大学教授侯仁之的建议下被正式辟为郭守敬纪念馆,以纪念他在水利、天文、历法三个方面的不朽功勋。

说到郭守敬的丰功伟绩,还得从元世祖忽必烈那个影响700多年帝都史的决定说起。

公元1260年,元世祖忽必烈御驾南征,原本他准备将首都从上都开平迁移至金中都,但在听取了郭守敬和刘秉忠的建议后,他决定放弃中都旧城,改在什刹海水域营建新都城。但有城须有池,城内的用水问题怎么解决,成了规划的头号难题。身为水利专家的郭守敬挺身而出,接手了这个难题。

汇通祠内"积水潭"

其实什刹海在元朝的旧名是积水潭,在郭守敬的规划下,它得以聚集西北诸泉之水,汪洋如海,因此得名。据《元史·郭守敬传》记载:(他)"引北山(今北京昌平凤凰山)白浮泉水,西折而南,经瓮山泊(今昆明湖)自西水门入城,环汇于积水潭……"简单的文字背后,是郭守敬用智慧创造的一个奇迹。实际上,昌平的海拔与北京接近,中间还有清河和沙河阻拦,落

郭守敬发明的天体观测仪器"简仪"

差太小无法直接引水。郭守敬反复测算，先将泉水向西引，在西山脚下汇合再向南引入昆明湖，最后导入城内。这条路径和700年后经过精密仪器测算的结果几乎相同，令人拍案叫绝。1283年，历时十六年建造，元大都城终于建成，引水工程的成功和漕运的开通，为元大都的繁华与兴盛注入了源源不竭的活力。

汇通祠内喷泉纪念治水功

郭守敬不仅精通水利，还是一名杰出的天文学家，他创造出比唐宋发明的浑仪更简单的天体观测仪器"简仪"。简仪包括相互独立的赤道装置和地平装置，这比欧洲人使用赤道装置早了500年。他编订的《授时历》将一回归年的长度精确到365.2425日，比欧洲早了300年。他和老师刘秉忠准确测定出北京的磁偏角度数，将北稍偏西的磁子午线确定为北京城的中轴线，被梁思成称赞"以巨大的魅力和严谨的科学性，抗拒了时间的损毁，一直延续到今天。北京独有的壮美秩序，就由这条中轴线的建立而产生"。

相比游人如织的前海和后海，郭守敬纪念馆所在的西海显得清静宜人。漫步在这山石环绕、满目青翠的小岛，拾级而上到达汇通祠，遥想元大都的往昔、积水潭的历史、郭守敬的伟业，在俗世的喧嚣中走入700多年前的历史，我们的心，或许也赢得了刹那的安定。

六、名人故居隐于市

53. 忠烈护京"于谦祠"

"千锤万凿出深山,烈火焚烧若等闲。粉身碎骨浑不怕,要留清白在人间。"这首小学生都耳熟能详的《石灰吟》的作者,正是明代著名军事家、政治家于谦。于谦之于北京城的意义,绝非一般的政治人物或历史英雄所能替代。他是15世纪使北京免遭屠城血洗灾难的关键角色,也是经历明朝的"土木堡之变"后保卫北京、延续其都城历史的一代名臣。若论对城市的历史贡献来细数北京名人,万万不能漏了于谦。

明英宗在位时,朝廷被宦官王振的同党所把持,苛捐杂税招致民怨,引来了外敌入侵。英宗十四年(1449),蒙古瓦剌军南下。英宗在王振的蛊惑之下,亲率50万大军匆忙迎敌,美其名曰"御驾亲征"。谁料土木堡一役全军覆没,英宗被俘。消息传回,朝廷大乱,皇太后急让朱祁钰继位,即明景帝。于谦临危授命,混乱中组织并统率京城及周边的20万军队,苦战五天五夜,终于大败瓦剌于北京城下,使明朝转危为安,没有重蹈北宋亡国南迁

于谦祠门匾

的覆辙。

蒙古瓦剌军见英宗失去了人质作用,便把他送还给了明朝。但一国岂容二主,英宗趁景帝病危之际,在宦官们的支持下实现复辟。为了复辟师出有名,英宗竟将功臣于谦以谋逆罪杀害,制造了一桩千古冤案。据《明史》记载:于谦"死之日,阴霾四合,天下冤之","京郊妇孺,无不洒泣"。明成化初年(1465),于谦终被昭雪,他在北京崇文门内西裱褙胡同的故宅被改为"忠节祠"。于谦一生为官清廉,视国如家,视名节如生命,一句"清风两袖朝天去,免得闾阎话短长",传为廉政佳话。他赴任河南、山西兴修水利,赈灾免赋,"爱苍生如赤子"。在北京危急关头,他更是挺身而出,救国于水火。《明史》(卷170)给了他公允的论定,称他"忧国忘身系安危,志存宗社,厥功伟矣。忠心义烈,与日月争光"。

于谦祠现已似高楼中的孤岛

如今的"忠节祠",被周边的商业写字楼和北京日报的新闻大厦三面围住,似乎成了一个高楼中的孤岛。于谦祠失去了原先与之相协调的胡同环境,与周围金碧辉煌的都市建筑格格不入,愈发显得孤独矮小。但令人稍感欣慰的是,北京毕竟没有亏待这位曾为保卫它而舍身成仁的"于青天"。为了保护于谦祠原址，原来的住户纷纷迁走，人民日报事业发展中心项目压缩了建设面积。在近年北京不少名人故居遭受被毁厄运的情况下，于谦祠能完好保留下来已是一大幸事，毕竟能在长安街中轴线上留存下来的四合院已经屈指可数了。

爱上北京的100个理由

54."袁崇焕祠"埋忠魂

熟悉金庸长篇武侠小说《碧血剑》的人对袁崇焕一定不会陌生,作为明末著名的军事家、政治家、抗清名将,他豪迈而又跌宕的人生,他与北京城的因缘际会,令后世唏嘘不已。北京既是成就他英雄伟业的应许之地,也是他含冤埋骨的葬身之所。

明朝末年可谓内忧外患,内有宦官当道、外有后金崛起。明朝天启六年(1626),后金可汗努尔哈赤亲率十三万大军连续进攻位于明朝辽西走廊的多个城市,攻至宁远城(今辽宁兴城)。明朝边城守将袁崇焕仅率万人守城便取得宁远大捷,击退金军。同年,努尔哈赤去世。因宁远一役之功,袁崇焕被擢为辽东巡抚,并加兵部右侍郎兼都察院右都御史,官从三品。第二年正月,因山海关城防工程告竣,袁崇焕获从二品服俸。

努尔哈赤去世,皇太极继位可汗。明天启七年(1627)皇太极再次向明朝用兵,率军围攻锦州、宁远。袁崇焕带领手下将士,骁勇善战,不仅守住了宁远城,还解了锦州之围,击退金军,获得宁锦大捷。后金久攻不下锦州、宁远,也就无法通过辽西,进入山海关,攻打京师。明朝趁后金退兵之际,加紧辽东辽西布防重建。

1628年,明朝第十六任皇帝明思宗朱由检登基,史称崇祯帝。崇祯帝继位后大力铲除阉党,勤于政事,生活节俭,曾六下罪己诏,力图挽回明朝国衰之势。崇祯元年,皇帝倾心倚重袁崇焕,任命其为兵部尚书兼右副都御史,赐予尚方宝剑,授予便宜之权。崇祯二年(1629)二月,袁崇焕再因拒敌东渡,累功至锦衣卫正千户；十月，又因秋防之功，加功至太子太保。此时，袁崇焕的声望达到人生巅峰。

但是，战局多变。皇太极见明朝宁锦防线难以攻克入关，便改变战术，先于明崇祯元年（1628）击败蒙古的直属部落察哈尔部。明崇祯二年皇太极绕过辽西，率军从蒙古突入，兵分两路，突袭明长城蓟镇防区的脆弱隘口，分别攻克龙井关、大安口，会于京东重镇遵化（遵化在明朝隶属京师顺天府蓟州，今为河北省遵化市）。

崇祯帝急召京外各地兵马驰援，召督师袁崇焕统领诸路援军。明山海关总兵赵率教回防遵化遇伏，全军覆没，明遵化守城将士，全部战死，未能阻止遵化被破城。袁崇焕曾两次上疏朝廷要派兵防护后金绕道蒙古进攻京师之举，可惜未被明崇祯皇帝采纳。

后金皇太极率八旗军，攻破明长城，又破遵化城，直指京师。明朝的北京人过了180年的和平生活，战争突然降临，猝不及防。京城官兵守备松懈，崇祯帝也慌了阵脚，下令京师戒严，关闭城门不准出入。袁崇焕率领关外手下三员主将及二万关宁铁骑入关驰援遵化已不及，遂亲带九千兵马，急转南进，疾驰入蓟州。皇太极得知袁崇焕在蓟州阻截，便潜越蓟州，直奔京城，抵达通州。袁崇焕见蓟州阻拦后金计划落空，便绕过通州，直奔北京内城。袁军与明山西大同总兵满桂的援军，分别阻后金军于广渠门、德胜门等门外。明军与后金军发生激战，冲突十余回合，后金八旗军溃败。

崇祯帝开城门让满桂援军伤兵进德胜门瓮城休养，但未准袁军伤兵进瓮城，从城门放下篮筐让袁崇焕一人进城觐见。

尽管袁军艰难赢下京城保卫战，但面对后金军的大举进攻，崇祯帝已乱了方寸。明朝阉党魏忠贤余党趁机利用此次遵化、蓟州、通州的失败等中伤袁崇焕，皇太极趁机实施反间计，刚愎自用、生性多疑的崇祯帝中计，最终铸成了袁崇焕的冤案。

崇祯三年（1630）九月二十二日，北京西市，47岁的袁崇焕因获通敌叛国罪，在民众的唾骂声中被磔刑（凌迟）处死。这位鞠躬尽瘁、镇守辽疆的抗金名将，却在一片唾骂声中被刽子手用了300多刀，一刀一刀剐成了一副骨架和一颗头颅。遇害前，袁崇焕仍心念国家存亡，疾呼"死后不愁无勇将，忠魂依旧保辽东。"

袁崇焕祠

如今，"崇焕无罪，天下冤之"的历史真相大白，为纪念袁崇焕的功绩而重修的袁崇焕祠，就位于北京东城区东花市斜街52号。祠内展出有纪念袁崇焕的匾额与画像，包括康有为的《袁督师庙记》、袁崇焕手书"听雨"和乾隆为袁崇焕沉冤昭雪的上谕等。祠堂后面便是袁崇焕墓，关于这个墓，背后还有一段守墓的忠义传奇。

就在袁崇焕被害当晚，他手下一名佘姓部将冒着生命危险窃走袁的头颅，将其埋葬在北京广渠门自家后院里，从此隐姓埋名，为将军守墓至逝世，并嘱托后世永远为将军守墓。佘氏子孙默默守护了一百五十多年，直到乾隆时期，乾隆帝因钦佩袁的忠勇而为其平反，在此地修墓建祠。1952年北京城区改造时，政府决定将城内包括袁崇焕祠在内的墓葬迁出。社会名士叶恭绰、李济深、章士钊、柳亚子等人联名致信毛主席，袁祠得以保存。1954年，墓葬得到维修并保护下来。"文革"期间又遭到破坏，居民入住。直到2002年居民才彻底迁出，成立纪念馆向游人开放。2006年，袁崇焕墓和祠被列为全国重点文物保护单位。如今佘氏十七代守墓人中唯一的女性佘幼芝仍坚持守墓的祖训。

这段跨越明、清、民国、新中国四代，长达 370 余年的守墓传奇，至今仍在继续。

300 多年来，一个平凡的家族十几代人接力守护着袁督师的祠墓和精魂。叱咤的历史风云，平凡的巷陌往事在此地交汇，成就了京城的一桩传奇。

55. "曹雪芹馆"梦《红楼》

"满纸荒唐言,一把辛酸泪。都云作者痴,谁解其中味?"一部"披阅十载,增删五次"的作品《红楼梦》成就了中国古典文学的巅峰。鲜为人知的是,曹雪芹"为天下的女儿著书立传"的地方,就隐藏在北京香山脚下植物园内的一处僻静院落中。

少年时期的曹雪芹,在江宁织造府的富贵温柔乡里过的是"锦衣纨绔""饮甘餍肥"的豪门生活。然而好景不长,随着雍正皇帝的登基,他的家族由备受推崇走向了衰败没落。府邸被抄,全家被遣离南京,返回了北京的祖居。从此曹雪芹的生活一落千丈,他在京城几经辗转,从豪门大院流落到香山脚下的黄叶村。

"门前古槐歪脖树,小桥溪水野芹麻。世事纵有千般好,不如著书黄叶村。"位于北京市海淀区四季青乡正白旗村39号院的曹雪芹纪念馆,是1971年"西轩题壁诗"的发现之地,经多番考证被公认为曹雪芹的晚年居所。1983年落成的曹雪芹纪念馆由民居改建而成,院落不大,门口立着三棵躯干中空的老槐树,几间低矮的平房被两株高大的黄栌树掩映,前后共18间房舍。展室中陈列有清代旗人的生活环境、曹雪芹在西山生活创作环境的模型、200余年来有关曹雪芹身世的重大发现及有关文章、书籍等,是北京城中了解《红楼梦》创作的好去处。

纪念馆主屋中曹公铜像,两旁镌有对联:"红楼是梦元非梦,青史有情却无情。"生活的巨变,家世的沉浮,使曹雪芹对社会上各种世态炎凉、黑暗罪恶有了更全面、深刻的认识。他曾发出"无材可去补苍天"的慨叹,但又坚决不走仕途。在这种矛盾思想的支配下，他选择了离群索居、几近归隐的生活方式。于是，就在这沉寂的京城边郊，他望着西山的冷月，伴着冷雨，临着风雪，开始了《红楼梦》的创作历程。没想到因穷愁困顿，加之唯一的爱子夭折而哀痛过度，"书未成，芹为泪尽而逝"。

这部未完成的《红楼梦》，被脂砚斋在其抄本《脂砚斋重评石头记》中称为"字字看来都是血，十年辛苦不寻常"。脂砚斋其人是谁？周汝昌认为脂砚斋是《红楼梦》中史湘云的原型，是和曹雪芹亲密无比的女性，然迄今未达成共识。不过，后世普遍认为脂砚斋批语的版本是最贴合曹雪芹思想的《红楼梦》版本。

历史上北京的名人故居数不胜数，比此地宽敞气派的去处数不胜数。与北京另一处仿建的"大观园"相比，这里太过逼仄荒凉，太过落寞凄苦。但在这人迹罕至之地，也更能感知人情冷暖，世事无常。正如《葬花吟》中所唱："明媚鲜艳能几时，一朝漂泊难寻觅。"香消玉殒是黛玉的归宿，又何尝不是曹雪芹的归宿？但风月无古今，情怀自浅深，曹雪芹的红楼往事，一直在等待静心品读的人。

仿建大观园的沙盘

爱上北京的 100 个理由

56."詹天佑馆"建铁路

首都北京,同时也是全国轨道交通的中心枢纽;是全国铁路网中京广、京九、京沪三条大动脉,全国高速铁路网中京沪、京港、京哈的交汇之处。每天北京站、北京西站、北京南站与北京北站这四大火车站都有成千上万的旅客进出,如果到了假期会多达几十万。比如,2016 年暑运期间北京四大站共计发送旅客 2723.5 万人,2016 年国庆节期间北京四大站共计发送旅客 61.64 万人。而在历史上,北京也是中国铁路事业的发源地。1905 年,在詹天佑的主持下,由中国人自行设计并自主建造的京张铁路工程启动,创造了翻越八达岭居庸关的工程奇迹,成为引领中国铁路技术走向世界的起点。

京张铁路界碑

藏于詹天佑纪念馆

詹天佑 1861 年出生于广州一个徽州茶商后代的家庭,少年时便对机器十分感兴趣。1869 年清廷与美国政府签订了《中美续增条约》,规定可在对方国家进入大小官学,于是在广东归国留美学生容闳的倡议下,清廷在 1872 年派出了首批官派赴美留学幼童，詹天佑就是其中之一。1878 年，詹天佑（英文名 Jeme Tien Yow）考入耶鲁大学土木工程系，专攻铁路工程，经过三年的刻苦学习，1881 年以毕业考试第一名的成绩拿到了学位，是同期归国的 120 名官派留学生中仅有的获得学位的两人之一。

詹天佑像

容闳（图右）倡议下官派赴美留学幼童：詹天佑与同学潘铭钟 1872 年（图左 1）
见于詹天佑纪念馆

自有铁路以来,这种高效的交通方式就成为经济命脉,因此铁路权也成为列强觊觎的重要目标。张家口是北京通往内蒙古的要冲,历来是兵家必争之地。当清廷要修京张铁路的消息传出后,在华势力最大的英国就想抢去,但视长城以北为其势力范围的沙俄誓不相让,双方争持不下,最后达成协议:如果清廷不借外债不用洋匠,全由中国人修建,英俄就不予干涉。然而,清政府财力有限,时间紧迫,且铁路所经过的关隘重峦叠嶂,坡度极大,工程之难世所罕见。詹天佑接下这个烫手山芋之初,就被诸多外国工程师嘲笑说"不自量力、胆大妄为"。但在詹天佑的努力下,原计划六年完成的京张铁路,不仅提前两年全线通车,还节余了二十八万两白银的工程款。他在高度相差180丈的青龙桥段采用折返方法,修建了著名的"之"字形铁路轨道,还设计建造了200米长钢架结构的怀来大桥,开凿了长达1092米的八达岭隧道(清朝称八达岭山洞),这一系列创举为逆境中的中国人争了一口气!

京张铁路青龙桥段"之"字形铁路模型

藏于詹天佑纪念馆

六、名人故居隐于市

八达岭山洞竣工
见于詹天佑纪念馆

八达岭山洞施工场景模拟
藏于詹天佑纪念馆

詹天佑是一位杰出的铁路工程师，一生经历了清朝和民国两个时期，担任过各种官职。在清末封闭落后的社会条件下，做官对于詹天佑而言是引进西学做实事以谋求社会进步的重要途径。对于做人、做官、做事，詹天佑纪念馆中展出了一段他的看法，颇为深刻，摘录于此。

> 清宣统二年（1910），詹天佑任清政府组织的留学生考试主考官时，对一个叫朱子勉的广东人，讲了这样一番话："我们留学外国获得了一些知识技能，要做一点事贡献国家。如要做官，就不能做事；想做事，万不可做官。而且做惯官的人一旦没有官做，精神便会十分痛苦。但官不可不做，又不可无。在现在中国里，没有经过朝廷给予你一官职，就没有地位，没有人把重要的事给你做。"《朱子勉回忆录》，载《广州文史资料》第十辑。

1987年，坐落于延庆八达岭长城北侧的詹天佑纪念馆建成开放。这里正是詹天佑当年主持修建的京张铁路八达岭隧道的上方，与长城内侧青龙桥火车站詹天佑铜像和墓地遥遥相对。

在纪念馆下方，昔日的京张铁路，现今虽已被当年詹天佑因条件限制放弃修建的丰沙线以及更为便利的八达岭高速所代替，却是北京历史中一段无法割舍的情结。这段嵌在北京大地上长达201.5公里的工业标本，堪称中国铁路工业的活化石。

今天，当我们站在馆内，平静而从容地回望民族铁路近代化的历程，更多了一分期许和自豪。

《广州文史资料》第十辑第117页

八达岭长城北侧的詹天佑纪念馆

六、名人故居隐于市

57. "启超故居"传文化

　　作为中国资产阶级启蒙思想家、政治家、教育家、学术大师而名传后世的梁启超,足迹遍布各地,也曾有过多处故居,如天津的饮冰室、广东新会的梁启超故居。这处位于北京宣武门北沟沿胡同 23 号的梁启超故居,是他在戊戌变法失败阔别祖国十多年后重回北京的住所,记录了他民国时期跌宕的人生风雨路。

北沟沿胡同 23 号院梁启超故居

院里的老树目睹着名门的诞生

　　戊戌变法失败后,梁启超开始了长达十四年的逃亡之旅。1912 年 11 月,梁启超回到北京城后,住进这所宅院。刚住进这里时,他担任高官,联合袁世凯组建内阁;但不久袁世凯企图复辟帝制,梁启超就公开反袁。而在这段时间,梁启超在政治上的抱负和雄心被现实一次次击败,逐渐消沉,滋生了退出政坛、潜心学问的念头。在随后的岁月中,这处宅院见证了梁启超以心血打造一代文化名门世家的整个过程,梁思成、梁思永、梁思礼……一个个著名学者和文化名人先后从这里走了出来。至此,这座宅门已与这个令人瞩目的文化世家血脉相连,休戚与共了。其中最惹世人注目的无疑是其长子梁思成的诞生，未来的中国现代建筑学奠基人在此受到了精心的教育和栽培，直到成年后才离开这座老宅远渡重洋。

曾经的北沟沿胡同位于著名的"会馆一条街"，而现如今的故居周围早已成为民居大杂院。北沟沿胡同23号院的故居主院落，当年院内的影壁、廊子、雕花挿门等主要建筑尚存，但已残破不堪，难寻昔日风采。院内私自搭建的小平房和房屋之间狭窄的过道，将当年的布局完全割裂破坏，此时的梁启超故居已经变得"面目全非"了。

23号院东边隔着胡同相对的是北沟沿胡同22号院，墙外挂着"梁启超书斋"的牌子和"私宅勿扰"的标识，红梁灰瓦，紧闭的大门、一把大锁和墙角的摄像头在看家护院。

23号院外墙上嵌着的"梁启超故居"牌子已不翼而飞，只有门框上"北沟沿胡同23号"的门牌号和"北京市东城区文物保护单位四合院"的牌子提醒着过路的行人，这里曾经住着这样一位民国风云人物，以及他那些在日后同样名扬中国的后代。

23号院与22号院相对而望

我们走进梁启超故居，岁月的斑驳和老旧的气息迎面扑来，不禁想起梁先生在那个动荡的年代里做出的惊天动地的大事，他为国为民不停奔波的忙碌脚步和他那永不停歇的笔头。可惜的是，历史的风云变幻与现实的"门前冷落鞍马稀"的安静形成了强烈的对比，在时空的重叠交错中，拾起的是动荡的民国记忆，那个时代的波谲云诡，那个时代的风云人物，以及那个时代知识分子的奔走呼号。

58. "蔡元培居" 树新风

蔡元培先生像

北京东单，熙熙攘攘的大街上一派都市气息，人们来此多是为了去商场购物或去久负盛名的协和医院就医，只有久居此地的人才知道，这热闹的街区中暗藏着一处幽静的居所，那就是东堂子胡同75号——蔡元培先生的故居。

蔡元培先生的生平展板

见于蔡元培故居

蔡元培先生1892年中进士，后来官至中华民国南京临时政府教育总长，被人们称为"学界泰斗"，但他非常俭朴，在北京任职多年一直是租房住。他曾在西城、宣武、东城多地有过居所，之所以这里被定为他的故居，是因为这段时间正值他担任北京大学校长、经历五四运动的时期，具有特殊的纪念意义。

蔡元培书房还原图

蔡元培故居是一座坐北朝南的三进院落，它采用朱红色、石青色和松绿色为主的中国古典建筑风格。夏季，当我们走进院中，会感受到一派静谧的自然氛围，园内的爬山虎占满了石门的顶端，还在不断向外伸展。沿着长廊，走到最里边是模拟还原主人的卧室与书房。

卧室中摆放着木床、洗漱架和衣柜。书房也是会客室，摆放了一张书桌，一把木椅，一个书柜。卧室与书房尽显简朴淡雅之风。蔡元培先生就是以这样的家为精神后院，开启了近代中国波澜壮阔的高校改革。

1916年12月，蔡元培先生被任命为北京大学校长，在此之前北大已换了五任校长，但学风不正的局面依旧没有根本改变。蔡元培先生

蔡元培与北京大学

见于蔡元培故居

不惧困难，提出了著名的"思想自由，兼容并包"的办学原则。在改革期间，蔡元培先生一再申明："对于学说，仿世界各大学通例，循思想自由原则，取兼容并包主义。"最能体现这一原则的就是他力推的教师聘任制改革。这一改革，不仅壮大了当时的北大教师队伍，而且促进了北大校园百家争鸣。当时的北大文科教师人才济济，既集中了许多新文化运动的代表人物，如陈独秀、李大钊、胡适等，也保留了刘师培、辜鸿铭等政治上保守而旧学学养深厚的学者。在北大校园文化中，既有用白话文编辑的《新潮》，也有用文言文出版的《国故》，新旧文化相争，百家思想相碰。蔡先生的改革还十分注重学科沟通，他看到了文、理分科所造成的流弊，进一步主张"沟通文理"，可谓开时代之新风。1919年，北大进行改革，撤销了文、理、法三科界限，鼓励进行通识教育，现在北京大学通识教育课的繁荣也是秉承了这一传统。

蔡元培先生故居

在20世纪初新旧思想交替的中国，正是因为实行了蔡元培的"思想自由、兼容并包"的方针，民主科学思想乃至马克思主义才能出现在北京大学的学术讲台上，并以北大为基地迅速地传播开来。百年之后的今天，北京大学仍是中国大学"理想国"般的存在，我们尊敬和缅怀蔡元培先生，连同踏着北大在近现代史上的光辉足迹，致敬那个学术群星璀璨的年代。

六、名人故居隐于市

59."徐悲鸿馆"画骏马

以《骏马图》闻名于世的徐悲鸿,是我国著名的画家和杰出的美术教育家。他的中国画融合了西方技法,素描和油画则融入了中国画的笔墨韵味。作为开创中西合璧绘画技艺的一代巨匠,其画作近年来更是屡屡拍出过亿元天价。在北京,要想一睹大师巨作的真迹,其实并非遥不可及。在西城区新街口北大街,就有个可以免费观看徐悲鸿画作的好去处——徐悲鸿纪念馆。

徐悲鸿少年贫寒,却一直不放弃艺术追求。为了提醒自己在悲痛贫困的环境中振作奋进,他将自己原本的名字"寿康"改成了"悲鸿",还自号"江南贫侠"。

徐悲鸿先生雕像

然而正是贫困的生活磨炼了他的意志,使得他笔下的骏马愈发雄健奔放,让人感受到不畏苦难、勇猛奋进的力量。1919年,他得到民国北京政府的资助留学法国,8年的旅欧生涯塑造了他独特的审美意趣、创作理念和艺术风格。学成归国后,他辗转各地大学任教,自 1946 年起担任北平艺术专科学校校长后,就长住北京直至 1953 年去世。

北平解放前夕,徐悲鸿拒绝了国民党要求他去台湾的"邀请",留在大陆继续美术教育和创作。为了北平和平解放,他还多次登门苦劝傅作义。新中国成立后,他担任全国美术工作者协会主席、中央美术学院院长,创作了大量反映新时期面貌的美术作品。他虽重病缠身,却踌躇满志地描绘着崭新时代的蓝图。1953年,他的脑出血病情稍有好转,便从医院回到家中,满怀热情地扶病为抗美援朝立下功勋的战士们画了六幅奔马图,寄往朝鲜前线。

然而好景不长,时隔不久,他便因积劳成疾不幸辞世。徐悲鸿病逝当天,夫人廖静文女士遵照徐悲鸿的遗愿,将他自己的作品以及他生前节衣缩食收藏的唐、宋、元、明、清及现代著名画家的作品1200余幅,连同东受禄街16号的故居一起,全数捐给了国家。徐悲鸿生前说过:"我是人民的艺术家,我的作品和我的收藏都应该属于人民。"就在他病逝后一年,以悲鸿故居为基础的"徐悲鸿纪念馆"成立了,这是新中国第一座美术家个人纪念馆。

1966年,北京地铁开始修建,位于地铁线上的徐悲鸿纪念馆被迫拆除。1973年,纪念馆在异地重建。历时十年完成的新街口新馆于1983年正式向社会开放,主体建筑为二层灰色展览楼,共有7个展厅,展出了大量徐悲鸿先生的油画、国画、素描以及书法等真迹。建馆初期,馆长由当时的中央美术学院院长吴作人兼任,从1957年起由廖静文女士担任馆长至其2015年6月离世。2013年5月徐悲鸿纪念馆进行改造重建,2015年6月进行扩建,2017年1月徐悲鸿纪念馆新馆通过北京市文物局的验收。

2017年落成的徐悲鸿纪念馆新馆

60. "宋庆龄故居"藏风华

北京的名人故居不在少数,但以女主人身份传世的并不多,最著名的当数后海北沿46号宋庆龄故居。

后海北岸的宋庆龄故居

纳兰性德手植的"月开夜合花"树

这座自1963年4月起成为宋庆龄寓所的院落,其历史沿革颇为传奇。它的第一任主人是康熙年间的大学士明珠,其子纳兰性德以诗词才情冠绝清朝早期。园中的南楼前有一株三百余年树龄的"月开夜合花"树,相传为纳兰性德手植。在光绪年间,府邸被赠予光绪生父醇亲王奕譞,后传至其子载沣,末代皇帝溥仪就在此出生。王府花园经历战乱动荡后的萧条,1962年在周恩来总理的主持下得到改建,宋庆龄于70岁

大门面朝什刹海

寿辰前迁入此宅，一直居住到1981年5月29日逝世。

园子给人的第一印象便是气势开阔，南北西三面是高大厚重的红墙，大门面朝什刹海，花园主体建筑更是位于湖水环抱的半岛。各色名贵花树，都是大有来头。院中草坪上有周恩来、邓颖超送的石榴树，陈毅送的榕树，廖承志送的凤尾葵，斯诺送的梅花等。庭院内，古朴典雅的建筑坐落在假山、湖水之间。

沿着花木成荫的小路，穿过葡萄架，则是由花园前厅"壕梁乐趣"和后厅"畅襟斋"改建而成的大客厅和大餐厅。身兼要职的宋庆龄也曾在此与国家领导人共商国是，会见外宾。

身居幽静宅邸的宋庆龄，晚年生活并非如人们想象中那样平静安逸，在"文革"中她也几度成为众矢之的。院子门口时常被贴大字报，父母在上海的宋氏墓地也惨遭破坏，幸而她得到了周恩来总理的严密保护。虽然防住了外部的攻击，却难防人心的变化。她身边的一位警卫秘书，对她横眉冷对，甚至把她家中的摆设视作"带有封建色彩的东西"加以破坏。她也只能采取深居简出的方式，同时暗中想办法保护其他处境危险的革命老同志。

花园前厅"壕梁乐趣"

大客厅

宋庆龄出生于传教士之家，接受了具有浓厚基督教色彩的西方教育，具有一颗强烈而深厚的爱心。她一生没有生育，却把自己的母爱分给了中国的所有少年儿童。她常说，有些事是可以等待的，但少年儿童的培养是不可以等待的。她积极成立基金会，自己筹款致力于妇女儿童的权益保护,被尊为中国福利事业的开创者,晚年的她被孩子们亲切地称为宋奶奶。

宋庆龄雕像

青年时经历过与孙中山刻骨铭心的爱情,中年备尝抗战的惊心动魄与生活的颠沛流离,到晚年"文革"中的宠辱不惊,无论逆境顺境,她都将深切的爱心和慈悲奉献给人民。徜徉在风景如画的故居中,我们还能依稀勾勒出那个庄严而美丽的身影,追忆起宋庆龄暮年的她淡定优雅地说过的那句话:假如一切事情都要重复一次的话,我还是愿意同样地生活。

七、文化学府仙人游

说北京是中国的文化中心，一点都不为过。北京城众多博物馆、展览馆、园林山水、学术圣殿，犹如北京的血液融进这个城市的动脉，从千百年前悠然走来。北京的文化，不似江南的文化秀气温软，但在磅礴大气中蕴藏着无限的精巧。它们或许不那么接地气，一如北京城又闲适又骄傲的性子，静静地立在那里，不会大张旗鼓地欢迎你的到来，却一定能让你一旦开始了解就为之折服和感叹。

这一部分选取了北京最有代表性的文化场所，包括图书馆、博物馆、高等学府、书店等，向读者展示北京与历史变迁紧紧相依的文化底蕴，让人为之沉迷的精神世界。这些场所并非是提到北京第一个会映入你脑海中的，而是能够给你最多精神享受的，也是北京从几朝古都走来沉淀的最令人印象深刻的文化精髓。

七、文化学府仙人游

61. 太学孔庙进士碑

北京孔庙始建于元大德六年（1302），至元大德十年（1306）建成。明永乐九年（1411）重建，明嘉靖九年（1530）增建崇圣祠，用于供奉孔子五代先人。清光绪三十二年（1906）扩建大成殿，民国五年（1916）竣工，孔庙始成今日的规模和格局。

北京孔庙与南京夫子庙、吉林孔庙和曲阜文庙并称中国四大文庙，是儒家学子心中的圣地。同时，北京的孔庙又以那些金色的琉璃瓦和进士题名碑林彰显着与众不同的圣学尊严。

孔庙正门前孔子像

北京孔庙又名"先师庙"，位于东城区安定门内国子监街13号，是元明清三代祭祀孔子的场所。坐北朝南，三进院落，中轴线上的建筑从南向北依次为先师门、大成门、大成殿、崇圣祠。孔庙大门（先师门）外侧，东西两边二十米处，各设一座清代下马碑，碑身正背两面，分别镌刻："官员人等至此下马"，采用满、汉、蒙、回、藏、托忒六种文字。

孔庙

文官到此下轿，武官到此下马，即便皇帝亲临，也要下辇步行，以表庙门森严、圣贤至上。下马碑如此深厚的寓意表明了孔子地位之尊。

大成殿前东西两侧，共立有198方进士题名碑，遍及元明清三朝，其中不乏于谦、袁崇焕、林则徐这般光耀青史的名字。但更多的是五万多湮没在历史深处的名字，早已被岁月磨得漫漶不清。七百年间，那些被这片碑林映照过的虔诚士子敬畏、崇拜甚至有些狂热的目光，究竟是否在这里寻找到了光明？

仰视孔庙进士题名碑

寒窗十年换来这石碑上一个寸方大小的姓名，到头来却也留不住生命的痕迹。只有这孔庙，七百年间经历了元末的烽火荼毒，明末的荒凉倾颓，清末民初的风云际会，甚至"文革"的破坏，却依旧在这里见证着那些真正不朽的东西。这便是圣人之道的力量，穿越七百余年时空流转，依旧能够让一座庙宇坚持着，守护着，微笑着，让中国人的灵魂能在这里找到一处安放的净土。

在这里，每一个历史遗迹都述说着关于圣人之道的生动传说。这里应该是太学传统的纪念基地，如牛津、剑桥的古堡一般，与真正的高等学府相联系，可成为高校国学课的生动课堂。在每年的祭孔大典前后，如多几场真正的传播儒学、回顾历史、谈文议政的文化活动，将会吸引更多的人来真正体会先贤的思想与精神。

七、文化学府仙人游

62. 世界第三国图馆

图书馆各个大都市都有，而北京的中国国家图书馆的特别之处在于，她的内部还有一座气势恢宏的国家典籍博物馆。大气与细致并存，包容与保护共生，这是国家图书馆留给我们最深刻的印象。

国家图书馆总馆北区

国家图书馆的前身是建于清末的京师图书馆，中华民国时期京师图书馆由政府接管，这之后京师图书馆才开设接待读者和履行国家公共图书馆的部分职能，并在1928年改名为国立北平图书馆，馆舍迁至中南海居仁堂。1931年文津街馆舍落成（现为国家图书馆古籍馆）。1949年新中国成立后，其名称几经更换，终于在1998年被正式命名为国家图书馆。

现在的国家图书馆主要有三部分，分别是文津街馆舍、总馆南区、总馆北区。三个建筑代表着国图的变迁，也成了时代的见证者。

总馆南区是中国元素与西方文化的结合。对称的结构，精巧的飞檐，淡乳灰色的瓷砖外墙，花岗岩基座的石阶，配以汉白玉栏杆，体现了中国传统建筑的特点，被深深地烙刻上中国传统审美观。而那些明亮的颜色和笔直的线条，却体现了西方的风格。

中央阅览区

　　北区建筑是现代风格，整体不高，但不失气度。整个图书馆的外形像一本大书，静静地躺在繁华的路旁，仿佛是某个哲人把它放在这里供世人参悟，也恰似我们中国人的含蓄内敛和包容厚德。

　　无论是对读者还是对国图自身而言，最看重的都是书本身。对于每个爱书人来说，走进其中就好像虔诚的天主教徒来到了梵蒂冈，那一瞬间，心灵得到净化，面容浮现喜悦。环形的阅览室、到处开放的书架和琳琅满目的图书让人觉得眼花缭乱。而走上四楼，你才发现，那些阅览室构成了怎样美好的画面，安静又充满力量。无论你是要"啃"一部厚厚的学术著作，还是翻阅一本引人入胜的小说，都可以不受打扰地独自完成，尽情汲取知识的力量。戴着老花镜的老人和穿着时尚的青年在这里擦肩而过又相互尊重：因为同是热爱读书的人，对生活自然也充满爱与希望。

　　作为世界第三、亚洲第一大的中国国家图书馆，在中国人眼中似乎并不只是几个建筑，而是一个精神象征。它包容而睿智，广大而不浮夸，复古而又创新。每一本书似乎都记载着中国的大气之美，每一个书架都是一座书山。这样的国家图书馆，你有什么理由不为之倾倒？

七、文化学府仙人游

63. 世界第一大国博

中国国家博物馆（以下简称国家博物馆）位于北京市中心天安门广场东侧，与人民大会堂相对称布局。

其前身始建于 1912 年，最早的馆址在国子监；1918 年搬迁到故宫的端门和午门；1959 年，迁至天安门广场西侧，并建成中国历史博物馆和中国革命博物馆。2003 年 2 月，国家博物馆在原中国历史博物馆和中国革命博物馆两馆合并的基础上组建成立。2011 年 3 月 1 日国家博物馆新馆竣工，改扩建后的国家博物馆建筑面积由过去的 6.5 万平方米增加到近 20 万平方米，成为世界上"单体建筑面积最大"的博物馆。

国家博物馆的外观

国家博物馆最经典的长期展览之一是"古代中国陈列"。这里以王朝更替为主要脉络，随着朝代更替社会演进，疆域分分合合，不同民族的文化在厮杀与征服的过程中逐渐融合。在历经千百年风雨之后，每件文物都给人留下了无限遐想的空间。许多精美绝伦的青铜器和瓷器令人赞叹和震撼，不知各自身上发生了多少令人荡气回肠的故事？除了基本陈列外，丰富多彩的专题陈列如"中国古代青铜器艺术""中国古代瓷器艺术展"等让人大饱眼福。

此外，国家博物馆也会临时开设很多艺术价值很高的外国展览。简练而拙朴的"非洲雕刻艺术精品展"将我们带到了神奇而又充满生机的非洲大地；精彩绝伦的"佛罗伦萨与文艺复兴：名家名作展"让我们呼吸到文艺复兴时期意大利自由且优雅的空气；彰显人类对自然的热爱与思考的"道法自然：大都会艺术博物馆精品展"，更是为参观者带来一场世界舞台上的艺术盛宴。

央视纪录片《国脉——国家博物馆100年》中说，中国国家博物馆这座恢宏建筑已成为现代中国历史文化的最高殿堂。从1912年到2012年，国家博物馆经历了一百年的沧桑风雨。对于想要陶冶情操的人来说，它是放松心灵、荡涤尘埃的不错去处；对于想要了解一个民族和世界的人来说，它是一扇已经打开了的、带有历史沧桑和艺术美感的窗户。不管什么人，都可以从国家博物馆得到收获和启发。

64. 北京导游首博馆

了解老北京的历史和文化，去首都博物馆就是一个不错的选择。在这里你将看到先辈们的闲情逸致，领略一个伟大城市的市井风范和日常精神，更会感动于传统生活的美学细节和精致追求。她从不同层面展现了古都文化的皇家气韵和市井民生，她的功能正向京味十足的城市文化"公共客厅"转变。

首都博物馆是北京的一张名片

首都博物馆的布局别具一格

首都博物馆于1953年开始筹建，1981年10月正式对外开放。当时的馆址位于北京市东城区国子监街孔庙内。它静静地"隐居"在这里，与旁边的雍和宫相比更显冷清。2001年12月新馆正式奠基兴建，2006年5月18日正式开馆，亮相于中华第一街——长安街西延长线上，位于西城区白云路的西侧复兴门外大街16号。

首都博物馆引入东方的庭院元素

首都博物馆的建筑结构很有特色，在空间布局上呈半封闭状态，内部有三栋独立的建筑，即矩形展馆、椭圆形专题展馆和条形的办公科研楼。三者之间的空间则为中央大厅和室内竹林庭院。对自然光的利用、古朴的中式牌楼、下沉式的翠竹庭院、潺潺的流水，为观众营造了一个兼具人文和自然情调的环境。

北京的"胡同四合院"展览
展示北京风土人情

首都博物馆处处散发

着厚重的京味，以 2012 年举办的"北京胡同与四合院"临时展览为例，北京的胡同与四合院是代表北京的城市"名片"。展览从序厅入口，人们宛若走进了一条胡同，同时走过了一条时间的隧道。

"北京胡同与四合院"展览通过系统整合北京的历史文化资源，更好地展示了北京的历史风韵和文化魅力，为首都的文化大发展大繁荣做出了努力。展览中还运用多媒体影片，展现了"中轴线上的四合院之城""四合院的布局""四合院的生活"，对于想要深入了解北京胡同与四合院的每一位观众来说，来得正是时候。

首都博物馆浓浓的"京味"与它的定位和馆藏资源有关。近年来首博为了提高国内外的知名度，特地举办了"中国记忆""中国年"等展览，都取得良好的反响。

来到首都博物馆，你会动情地在这里向古老的风雅致敬。时常可以看到老爷爷带着小朋友来首都博物馆，用正宗的京腔讲述老北京的故事。首都博物馆是老北京挥之不去的情怀，它容纳了北京地区从一个边陲小镇走向十四亿人口大国的首善之都的记忆，展示着首都的无穷魅力。

65. 京范儿博物馆各千秋

北京经过历朝繁华，沉淀出自己独特的味道。现在虽是国际大都市，但让人念念不忘的老北京范儿却还在，存留在散落京城各处的特色博物馆中。

皇城艺术馆

要看明清时期北京的全貌，可以逛逛"北京皇城艺术馆"。它坐落在故宫太庙的东侧。该馆展示了北京明清皇城的区域方位、历史变迁、重点景观、文化风情等。它将昔日皇城特有的魅力，以微缩的形式直观地展示在我们的面前。

胡同是北京老城另一大特色建筑。"胡同张"老北京民间艺术馆是展示北京民间文化的博物馆，地处丰台区卢沟桥宛平城内。该馆提出"留人赏、留人品、留人听、留人尝、留人玩"的理念，让人们通过馆中开设的游戏区，重温如羊拐、弹球等几十种传统老游戏。这家民间艺术馆还开设了"北平味道"，囊括了老北京四九城有代表性的胡同、门楼、牌楼、老店铺、老行当、民间玩具等。这里的另外一大特色是提供"地道京味的讲

七、文化学府仙人游

解"。当操着纯正京腔的讲解员向您讲述老北京故事的时候,您可以透过声音,去体会老北京人的和气与热情。

前文讲到四合院时提到过"天棚,鱼缸,石榴树;老爷,肥狗,胖丫头"。这是典型的老北京人的生活方式。如果想感受这种生活,那"老北京风情园"是不错的去处。当我们走进位于昌平区南口、占地约 300 亩的风情园,映入眼帘的青砖灰瓦、长袍马褂、小袄布鞋、四合院、人力车、大碗茶……都可以让我们亲身感受到老北京民俗的魅力。

老北京微缩景观

老北京老物件

想把老北京看得更仔细,可走进位于老舍茶馆二层的"老北京传统商业博物馆"。"文字幌""形象幌""实物幌"等各式各样的老北京店铺幌子高悬在博物馆大厅里,还有剃头挑子、水车等上百件老商业物件。由微缩面塑复原的 13 个老店铺,人物、铺面、场景也栩栩如生。这些老店铺面塑微缩景观是由"面人汤"正宗传人冯海瑞老先生历时两年,亲手制作而成的。在冯老先生

的精雕细琢下，茶叶铺、茶馆、酒馆、戏楼、糕点铺、乐器铺、笔铺、绸缎庄、理发店、国药店、烟铺、大碗茶等与老北京人的生活息息相关的商业老店铺，又生动地呈现在人们面前。

  这些老北京范儿的博物馆，保存了"京味儿"的各个方面，共同呈现出这座城市的前世今生，让我们爱上它的全部。

七、文化学府仙人游

66. 北京大学大风骨

从北京大学古色古香的西门进入，一栋栋飞檐走阁的建筑即坐落于曲径通幽的故园。故园遮蔽了喧嚣，为今园的云卷云舒积淀了历史文化的厚重。历经百余年晴雨雪雾的燕园草木，以自身的荣枯静静记录着燕园的时间年轮。到过北大的人，无论是参观还是学习，都觉得北大很"大"。北大之"大"，大在气势，大在历史，大在精神。

冬日北大的湖光塔影

校内湖光塔影，泉石烟霞，雕梁画栋，真正是一派皇家园林的气势。燕园大部分占地都属于过去的勺园、畅春园和部分圆明园的附园，其中未名湖旁的石舫、临湖轩的前身"临风待月楼"都有着数百年的历史，其建筑之精巧，布局之精心，都非寻常园林可比，曾经的皇家园林，在清朝200多年的历史中几易其主，如今作为国家最高学府为国培养人才。这样恢宏的历史变换，在经历了岁月的风雨后，韵味犹存。如今站在湖心亭上眺望，湖面波光粼粼，岸边垂柳如丝，恍然如置身江南。若放目更远处，便是七座古香古色的中式小楼和院落，楼间皆有绿茵，衬着灰瓦红柱白粉墙，仿佛穿越数百年。这七座楼阁各取"德才均备体健全"中一字为名，是为七斋。如此，北大将其恢宏大气与古典庄严相融合，北大之大，正在于斯。

翻开一部北大历史，就是浓缩的中国百余年近现代史，风风雨雨无处不折射出中国的命运。1898年6月，二十七岁的光绪皇帝下令创办了京师大学堂，这是中国近代史上由中央政府设立的第一所国立综合性大学，也是中国现代高等教育全面兴起的标志。辛亥革命后，京师大学堂于1912年正式更名为国立北京大学校，著名的启蒙思想家、教育家严复担任第一任校长。1917年初，蔡元培接任北大校长，北大迎来自创办以来的第一个黄金时代。关于蔡元培老校长的更多，可以翻阅本书蔡元培故居一篇的详细介绍。

北京大学中式小楼一角

抗日战争全面爆发后，北京大学师生辗转南下，与清华大学、南开大学共同组成长沙临时大学。1938年4月，又由长沙迁到昆明，将校名改为国立西南联合大学，设立文、理、工、法、师范5个学院26个学系。抗日战争胜利后，西南联合大学于1946年5月宣告复员，北京大学在北平复校，同年10月正式开学。

七、文化学府仙人游

任何一个注视北大的人都会对那一个个熟悉的名字怦然心动：蔡元培、陈独秀、李大钊、辜鸿铭、胡适、马寅初、冯友兰、俞平伯、李四光、周培源、邓稼先、黄昆、王选……数不胜数的杰出校友从这个园子走出；北大以"海纳百川"之势展现"兼容并包"之姿，不断将新的熠熠生辉的名字书写在历史的册页上，再没有哪一个时代和哪一所学校能够同时拥有那么多的大师和巨匠。

北大的历史，北大的大师，北大的风物，更有北大的精神，共同铸就了北大的盛名，也让很多人在孩提时代便在心底种下一颗圆梦北大的种子。

北大人，北大故事有很多，北大学术，北大校园丰富多彩的生活，多到我们发现了 100 个理由去解读，那么多的故事尽在北京大学出版社出版的《爱上北大的 100 个理由》中等待你去探索。

北大上演中央芭蕾舞团新年芭蕾舞音乐会

67. 清华大学名远扬

清华大学位于海淀区西北郊风景秀丽的清华园，以其浓郁的学术氛围，丰厚的教师资源，卓越的科研条件，成为国内外莘莘学子的梦想之地。

清华尊崇"行胜于言"的校风，"自强不息，厚德载物"的校训。这句校训来源于1914年11月5日，梁启超做题为《君子》的演讲，以《周易》中"天行健，君子以自强不息；地势坤，君子以厚德载物"来激励清华学子树立远大理想，培养健全人格。

1911年，清华学堂在中华民族深重的内忧外患中创办。在建立之初，清华作为留美预备学校，就以"进德修业，自强不息"为教育方针，融汇中西文化，校风纯良严谨，素以要求严、学风好、外语好、体育好而著称。而这些特点，在现在的清华人身上仍然突出。学校大力聘请外籍教师，开设英语课程，对学生的英语能力有严格的要求。同时，清华制定严格的体育考勤制度，鼓励、监督学生进行有规律的课外体育锻炼。此外，清华的校园建筑也呈现出"中西文化，荟萃一堂"的特点。清华早期四大建筑大礼堂、图书馆、体育馆、科学馆，至今仍完好地保留着，我们可以看到典型的欧式建筑风格，却又以红砖为底，彰显中国风范。

清华大学校园景致

曾经的清华大学校长梅贻琦说："所谓大学者，非谓有大楼之谓也，有大师之谓也。"在他的带领下，1928年后，清华大学开始广聘名师、民主治校，及时引进国外自然科学新成就和先进仪器设备。国立清华大学实行通识教育，贯彻"通识为本，专识为末"的教育理念，注重基础理论教学与科学研究，要求学生在自然、社会、人文方面都具备广泛综合的知识，学科水平和教学质量迅速提升，成为一所在国内外享有高声誉的大学。

清华大学一向在爱国救亡运动中以国家利益为先，在"华北之大，已经安放不下一张平静的书桌"的时候，清华师生勇敢地站在斗争的前列，"一二·九"运动掀起了全国抗日救亡的新高潮。

改革开放后，清华大学更是进入了蓬勃发展的新时期，不断深化更新教育理念，确立了"高素质、高层次、多样化、创造性"的人才培养理念。

在漫漫百余年历史中，清华大学师生致力于为中华民族的伟大复兴而奋斗终生，为中国科技教育事业自立自强开拓奋进，走出了一代代功勋卓著的学者、领袖。中国有两任国家主席胡锦涛和习近平都曾在这所严谨治学的校园里接受高等教育。而走进清华校史馆，走进"院士林"，我们能看到一排排曾为这所学校呕心沥血的院士画像，这是清华大学的奋斗史，也是中国教育的发展史。

爱上北京的 100 个理由

68. 四大书店树地标

王府井一带曾经是北京最繁华的商业街和热闹场所。除此之外，它还是老北京文化的"聚宝盆"，这一带赫赫有名的四家老字号出版机构为服务读者开设书店，各自讲述着不同的文化故事，共同构筑一种文化氛围——墨迹书香，其中蕴藏着中华传统文化的不同滋味。

商务印书馆："昌明教育，开启民智"

王府井大街 36 号是商务印书馆迁至北京后的所在地。在这里，商务印书馆有直接面向读者开办的涵芬楼书店。商务印书馆是中国出版业中历史最悠久的出版机构，奉行"昌明教育，开启民智"的宗旨，1897 年创办于上海，1954 年迁来北京，与北京大学被同时誉为"中国近代文化的双子星"。"涵芬楼"这一称谓延续于 1909 年商务印书馆主事人张元济建立收藏本馆善本的藏书楼之名。1924 年，涵芬楼藏书达 46 万卷之多，藏有 3.7 万卷善本书和珍贵抄本，其中包括十二卷濒于失传的《永乐大典》，成为当时最大的藏书楼。商务印书馆为了存放越来越多的书籍，在藏书楼基础上，另筑五层楼，扩建成"东方图书馆"，将"涵芬楼"作为图书馆中的善本室。1926 年东方图书馆正式开馆，是中国第一家公共图书馆，藏书总量达到 51 万多册，其中善本总数达 5 万册，海内孤本（指书刊仅有一份在世间流传的版本）500 多种，曾超过北平图书馆成为当时最大的图书馆。

当 1932 年上海"一·二八"事变爆发时，日军轰炸机直接炸毁了商务印书馆的管理处、编译所、印刷厂并烧毁了东方图书馆。当时的日本海军陆战队司令盐泽幸一说："烧毁闸北几条街,一年半年就可恢复。而把商务印书馆这个中国最重要的文化机关焚毁了,它则永远不能恢复。"

如今,商务印书馆最主要的出版物大体分为两部分:辞书和汉译世界学术名著丛书。随着我国出版业的繁荣和发展,如今它在出版领域的地位可能已经大不如前,但基础性文字知识和全球最经典的学术著作的出版依然占有重要地位,仍然能够给各个年龄段的人提供最直接和有效的文化供给。

中华书局:"用教科书革命"

在商务印书馆南侧有一家规模较小但名气却不输前者的书店,这便是中华书局灿然书屋和读者服务部的所在地,中华书局本部则位于丰台区太平桥西里38号。

中华书局成立于1912年元月,是中国历史最悠久的出版社之一,由陆费逵先生在上海创办。陆费逵原本是商务印书馆的元老之一,经过几年的磨砺羽翼逐渐丰满,他看到了新式教科书出版在当时的巨大市场,却苦于馆内领导不给予充分的支持,于是决心自己创一番事业,成立了中华书局。创办之初他提出了"用教科书革命"和"完全华商自办"两个口号。在陆先生的主持下,《中华教科书》伴随着中华书局的创办问世。正是凭借着这套教科书,中华书局奠定了在近代中国出版业中的地位,并迅速跃升为全国第二大出版机构。这些新式的教科书旗开得胜,适应了形势的要求,为当时的教育事业作出了巨大贡献。

中国书店:书法家"安身立命之所"

走到东四路口,再转到东四南大街上,就能找到位于东四南大街122号的中国书店。启功先生曾说:"旧书铺,现在叫中国书店,是我的安身立命之所。"

爱上北京的 100 个理由

中国书店　　　　　　　　　　　　中国书店内景

中国的古旧书业，萌芽于两汉，兴起于后晋北宋，发展于明代和清代前期。清代"四库开馆"以后，北京古旧书业逐渐集中到琉璃厂和隆福寺一带。当时琉璃厂的古旧书铺发展到三十多家，是北京古旧书业鼎盛时期（琉璃厂的故事多，具体可以翻阅本书中详细介绍琉璃厂的文章）。但从清末民初开始，古旧书业逐渐没落，直到北京解放和中华人民共和国成立时，北京古旧书业才迎来了新生和发展。为统一领导和改造北京古旧书业，努力做好古籍抢救、保护工作，经齐燕铭、郑振铎、张友渔、吴晗等人倡议，中国书店于 1952 年 11 月 4 日正式成立，成为新中国第一家国有古旧书专业书店，也是迄今为止亚洲地区最大的古旧书店。

文化和情怀值得保护，然而面对网络书店的冲击，包括中国书店在内的全国实体书店的发展举步维艰。未来的路如何走，中国书店如何在古和今之间权衡，还有待后人慢慢上下摸索。

三联书店：读书人心中的"店格"

回到王府井大街向北走，便是北京三联韬奋书店的所在地。三联书店的前身是 20 世纪三四十年代活跃于中国出版界的三家著名出版机构——生活书店、读书出版社、新知书店。

与前述三家出版机构和书店相比,三联书店是相对年轻的。从 2014 年 4 月 8 日起,三联韬奋书店正式开始 24 小时营业。这一突破性的改革是三联这家老出版社对于文化的坚守。从上个世纪的风雨飘摇中一路走来,三联书店对于图书质量的追求有目共睹。

三联书店

季羡林曾在一篇名为《我心中的三联"店格"》的文章中写道:"我,作为一个老知识分子,经过了多年的观察与思考,把我心目中三联书店的'店格'归纳为八个字:清新、庄重、认真、求实。""这个'格'决不是一朝一夕一蹴而就地形成的,而是要经过长时期的培育和酝酿才逐渐被广大群众所接受的。"

中国的出版故事有很多,中国历史上的图书故事也有很多,喜爱图书故事的朋友想要了解更多可以去阅读南方日报出版社出版的《中国出版图史》和外文出版社出版的《从甲骨文到 E-Publications——跨越三千年的中国出版》(该书被评为 2009 年度中国最美的书,在知识科普传播过程中也获得全国最高奖项:教育部人文社会科学成果普及奖,有中文、英文、德文三种语言版本),你一定会有很多意想不到的收获。

爱上北京的100个理由

69. 独立书店栖灵魂

京城不少地方或喧闹繁华或庄重严肃,而在街角路边不起眼处却仍有一份宁静与淡然——独立书店。它们是书店,但又绝不仅仅是书店;它们贩卖书本,但传递的又绝不仅仅是知识;它们坚持,但又绝不仅仅为了生存而坚持。只是一扇门,就将你与外面的世界隔离开来。在这里,时间放慢脚步,只有思想在你耳畔奏起交响乐。在这样一座充满诱惑的城市里,能够在某个阳光洒满大地的下午,走进一家独立书店,邂逅一本书。

万圣书园:一万个圣人

"万圣"的名称最初来源于西方的节日万圣节,后来,人们更愿意把"万圣"理解为"一万个圣人"。诗人西川曾说过"我宁愿把它理解成'一万个圣人',这一万个圣人就是万圣书架上的作者,在受益于这些圣人的读者当中,有我一号"。

万圣书园有着二十多年的历史,但在这些年中,它却经历了三次搬迁。它最早位于北京西北三环的中国人民大学附近,1994年由于三环路改造,它被迫迁到了北京大学东门外的成府街巷内。2001年,成府街遇拆迁,万圣书园便搬迁至现在的成府路蓝旗营北大清

知识分子公共读物台

华教师公寓楼下。辗转搬迁，它却始终相信"路未决，再坚持"。没想到2012年，它又搬家了。

万圣不仅卖书，还卖思想和文化，书店里的每一处都透露着它的社会关怀和文化批判。在二楼的墙壁上，有许多大小不一的展柜，这就是它独特的知识分子公共读物台。

单向街书店：We Read the World

如果在以前，你一定很难找到它。与马路边的那些书店不同，单向街的神秘指数极高，你需走过一段碎石子路，穿过约十米的篱笆栅栏长廊后，才能见到它的真面目。而如今，它已搬迁至朝阳北路大悦城。

2006年初，供职于媒体的许知远、吴晓波、于威等13人每人出5万元入股，创办了"单向街书店"，它对自己的定位是：一个自由开放、绿树环抱的读书场所。在这里，你能与顶级作家、编辑、导演、音乐人一起交流。而在过去的九年中，它也确实做到了这一点。可以想象这样一幅画面：难得的周末时光，有着相同爱好的年轻人聚集在一个200多平方米的长着几棵高大树木的院落里，与应邀而来的知名评论家、乐评人、作家、导演、戏剧工作者讨论着文化、艺术、哲学，等等。

蓝羊书店：失落的旧时光

若是在几年前，从清华西门向北200米，再向右拐进一个不易发现的巷子里，你会发现这儿隐藏着一家叫作"BLUE GOAT BOOKS & CAFÉ"（蓝羊书坊）的书店。木制的大门边有一棵手腕粗的柿子树，大门后有独立的院落，院子的地上摆放着一些盆栽植物，书坊门口的白墙上还有店主手绘的彩色图像和店名。进入书店后，你会发现各式各样的工艺品：老旧的电视机、烟灰缸、富有艺术感的杯子、老照片等。这仿佛不是书店，而是被主人精心装修布置的家。

遗憾的是，这间能让人有家的感觉的书店、能把人带回记忆里的书店已经不在了，它永远地成为爱它的人们的旧时光。我们不禁感慨其他独立书店还能否在这个时代支撑下去。

"是谁传下这行业，黄昏里挂起一盏灯。"岁月变迁，隐匿在北京各个角落里的那份宁静有的已经不在，而有的仍在坚持。正是这份坚持，让这座城市里无处安放灵魂的人有地方可去。

七、文化学府仙人游

70. 老舍故居纪念馆

一说到北京,说到京味文学,人们总会想起老舍,想起他笔下的有血有肉的北京人。他对北京的感情最深,理解得最透彻,他的作品和人格魅力,为我们打开了一扇通向老北京文化风情的大门。

丹柿小院中老舍先生的雕像　　　　丹柿小院北房

1950年4月,老舍用自己在美国获得的版税五百美元折成一百匹布,买下了丰富胡同十号(现十九号)一处四百平方米的小院。院中有两棵老舍先生亲手栽下的柿子树,每到深秋时节,树上都会挂满沉甸甸的柿子,如火如血,老舍夫人胡絜青女士便美其名曰"丹柿小院"。

小院的位置绝佳,靠近北京市文联所在地、人民艺术剧院、青年艺术剧院、儿童艺术剧院,老舍开会、跟导演和演员们商量戏剧都很方便。

胡同小院蕴藏的平民根基滋养了这位人民艺术家。喝着香片茶长大的老北京人成为老舍笔下的主要形象。车夫、小职员、做小买卖的、唱大鼓的、卖艺的……各式各样的北京市民活灵活现地现身在他的作品中。他们为人善良，待人和善，谦逊有礼，但也会因为过度忍让而形成懦弱的性格。如《四世同堂》里的祁家人"没有多少野心，而只求在本分中凭着努力去挣得衣食与家业"。他还通过市民阶层的爱好和兴趣来增加人物的丰度——有文化知识的人爱好听京剧；中等生活水平以上的人爱好北京传统工艺品；还有不论身份高低都喜欢花鸟鱼虫的人——丁二爷养着一笼子黄雀，妞妞得到几条小金鱼儿就开心得不行……老舍熟悉北京人，他们身上美或不美的特点，都被作家琢磨得一清二楚。他也喜欢北京人，内向、好静、心眼儿好、富有亲和力，他笔下的人物是这样，他亦是这样。

院中柿树如老舍化身

正如《北京故事》所道：老舍先生的作品中，我们可以看到苦中作乐的北京人儿，举手投足间的北京味儿，魂牵梦萦的北京魂儿。在北京发生的北京人的故事，再用纯熟的、优美的北京话娓娓道来，这就是老舍先生的京味文学。

八、艺术邂逅雅俗赏

  北京这座有些慵懒和骄傲的城市总是和"艺术"二字不那么相称,艺术的发展需要自由的空间和无限的想象力,而承载了太多职能的政治中心恰恰缺少的就是艺术家所需要的远离尘世的清闲。但不可否认,北京的艺术经过了长久的磨合还是发展出了自己独特的味道。高雅豪华如国家大剧院和北京人艺,冷门文艺如798和宋庄,市井亲民如相声和体育馆等,各种门类的艺术场所和形式都想方设法同北京的风格融为一体,给这座偌大的城市增添了不少灵气。

  北京的艺术风格包含不同的种类。可以在跨年夜到国家大剧院去欣赏外国乐团带来的高雅的新年音乐会,可以约上家人去听相声图一乐儿,还可以跟三五个好哥们儿在工人体育场同成千上百的粉丝一起高声呐喊,为自己的偶像加油。总之,这里提供从阳春白雪到下里巴人的各种选择,让艺术给生活点缀更多色彩。

八、艺术邂逅雅俗赏

71. "鸟蛋"明珠大剧院

早在1958年时值新中国成立九周年之际,周恩来总理便提出了建造国家大剧院的构想,然而当时受各方条件限制,遂被搁置。直至1996年该议题被再度提起、次年在国际范围内公开招标,清华大学和法国机场设计公司被确定携手合作,方使这个跨越近半个世纪的夙愿才有了实现的可能,故宫的西南角出现了这一颗充满现代化气息和艺术感的"鸟蛋"——国家大剧院。

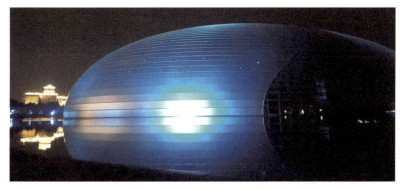

中西合璧的"水上明珠"

"鸟蛋"之称其实并非雅号。当法国方面负责设计的建筑师保罗·安德鲁初次提出他的概念蓝图时,北京老城犹如水中被投入惊石一枚,激起蜚语千万。要在庄严肃穆的天安门广场西侧建立现代感十足的"水上明珠",各方意见一直僵持不下。

"唯有准备好失去你的文化,唯有松开所有那些捆绑住你,使你觉得既安心保险,同时又使你麻醉瘫痪的绳索,你才会发现自己的文化将再次充满新生的活力,像喷发的新泉一样不可抵挡。"这是安德鲁的初衷,是他的法式浪漫灵魂在中国一隅黄土上的孤鸣。以他用异域文化的特殊视角窥探着东方建筑的神秘感,安德鲁希望在这个空间里有所创造。这种抛弃全部传统去创新的理念也有待实践的进一步检验。

古老的北京被这新奇的艺术美感不断叩击,闪出一丝疑惑的目光窥伺通往国际建筑风格的突破之路。如何在老城的历史厚重里嵌入现代建筑的清新快意,使既往与当下完美衔接?安德鲁的坚持、有意尝新者的精巧设计,让难题在6年后迎刃而解,终在首都中心落下这样一颗耀目的明珠。

仿佛寓意新时代的旋钮自此拧开的,不论异乡人抑或老北京人,因新落成的剧院,与这座老城似乎建立了新的联结。北京,在此起彼落的建筑音谱下,获得新生。

这里既有或安静流淌或激情澎湃的音乐会,也有风姿绰约的舞剧,更有引人入胜的话剧演出等。虽然如今网络给了人们足不出户欣赏各类艺术的机会,但走进大剧院的现场,专注地感受一场演出,把生命中的几个小时完全交给台上的艺术工作者,绝对是难得的人生体验。

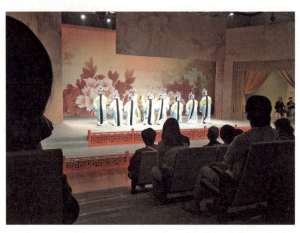

华美的昆曲

八、艺术邂逅雅俗赏

　　艺术演出也许并不能直接助你的学习或工作一臂之力，却能够帮助你放松身心、陶冶情操。然而，因其坐落于京城中心，每一次演出的开始与散场，观众和演员的聚散都给周边交通带来不小的压力。

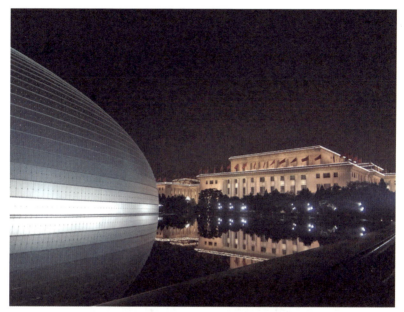

一只脚还在过去，一只脚迈向未来

　　国家大剧院，这一坐落在宁谧老城中的新的灵魂，为古老的北京城注入了新的生机，让你更爱上这座一只脚还在过去、一脚迈向未来的城市。

爱上北京的 100 个理由

72. 京剧尽在"梅"剧院

在西城区平安里西大街 32 号,官园桥的东南角,坐落着这么一座通体透明的建筑。独特的扇形屋架上有六个鎏金大字:"梅蘭芳大劇院"。

梅兰芳大剧院

这座现代的京剧院于 2004 年 10 月起兴建,历时 3 年落成,隶属于中国国家京剧院。梅兰芳大剧院是为了纪念梅兰芳先生对中国京剧作出的贡献而建造的。当年先生的居所离这里很近,离护国寺也不远,若是需要演出或讨论,不用坐黄包车,只需要从容地走过去即可。

北京有不少戏楼、戏园和戏院,其中梅兰芳大剧院的突出建筑特征之一就是运用现代的技术手段表现传统的艺术。从外观设计上来看，玻璃幕墙、钢架结构与红色背景的映衬显得落落大方；剧院内红色立柱和红色大墙与数十个金色木质圆形浮雕共同营造出高雅、亲切的内部环境。舞台不只有京剧的门帘台帐，现代化的升降台、升降车、电动吊杆和反声罩系统都融入其中。因此，梅兰芳大剧院不仅能为京剧演出服务，还可承接芭蕾舞演出、话剧演出和音乐会等活动。剧院内还设有咖啡厅、茶座、京剧艺术造型摄影屋，以及音像、图书、礼品、鲜花、食品销售点等。

梅兰芳大剧院将《智取威虎山》《杜鹃山》《沙家浜》《红灯记》《平原作战》《江姐》这六部现代戏组成"红色经典"系列，并作为开场戏演出。十几年来，京剧名家在这里为票友们献上一场场视听盛宴。《贵妃醉酒》《穆桂英挂帅》《四郎探母》等脍炙人口的名段引得观众叫好声连连。传统中国的唱念做打、画眉抹彩和西皮二黄，从两百多年前的徽汉合流发展到现代中国的文化精粹，京剧艺术在梅兰芳大剧院中熠熠生辉，长盛不衰。

73. "北京人艺"话京事儿

王府井大街 22 号有一家剧院,承载了整整一代老北京人的话剧记忆,开辟了先锋话剧的先河,她就是北京人民艺术剧院,现在也是首都剧场。她是全国首屈一指的艺术团体,是表演事业的精神圣地。影视圈曾有句老话道出了北京人艺的江湖地位:演艺明星不求荧幕巨作的人前风光,但求人艺舞台上的一个角色……

北京人民艺术剧院

1950 年"老人艺"初建时为歌剧、话剧、舞蹈等综合性艺术团体。1952 年 6 月,其话剧团与中央戏剧学院话剧团合并为北京人民艺术剧院,就这样,中国话剧的大幕徐徐拉开。如今北京人艺所在地首都剧场在王府井大街的东侧,始建于 1954 年,1956 年正式成为北京人民艺术剧院所属的专用演出场所。

提到北京人艺,你会想起曹禺的《雷雨》,老舍的《茶馆》,一个个将历史和社会浓缩到短短两个小时中的故事在这里的舞台上被尽情地演绎,让人久久不能忘怀。我们可能在中学时代就对这些故事情节极为了解,甚至一些台词,在看过几遍之后也能烂熟于胸,可是当你看完北京人艺表演的话剧时,你会发现,那些人物远比你想象的丰满许多,话外之音远比你思考的深刻许多。更令人惊异的是,这些并不老练的演员,能够在话剧的舞台上表现出如此强大的张力,将每一个人物的细节处理得栩栩如生,支撑起庞大甚至浓墨重彩的选题和背景。

北京人艺话剧

如今的北京人艺,褪去了昔日的光环,在岁月中沉淀出自己那一份对话剧的坚守和执着。活跃在北京人艺舞台上的濮存昕是大家耳熟能详的演员,他并非表演训练班毕业,也不是表演系毕业,只是在意识到自己对话剧的热爱后义无反顾地在这里奉献自己。他坦言,在北京人艺并不挣钱,但演话剧是他一辈子最大的愿望,是他生命中不可缺少的部分,在其中你能体会到天马行空、上天入地的感觉,真是尽情尽兴甚至可以死而无憾。2014年北京人艺重新改编了美国戏剧《洋麻将》并于当年11月正式将其搬上舞台，濮存昕在其中扮演一位年过古稀独身一人的老人，同他搭档的是被称为人艺"话剧皇后"的龚丽君。这一对老人，一个自负一个任性，就这样你一言我一语生发出无限的情感变化，令人唏嘘不已。

在周末的傍晚走进北京人艺，演员们凭借强大的戏剧张力带给你一个完全不同的世界，你随着他们或悲或喜，这就是北京人艺的魅力。

74. "资料馆"里看电影

"走,去小西天看电影!"这是北京城的老影迷们经常挂在嘴边的一句话。他们所说的"小西天"指的就是"中国电影资料馆"里的小西天艺术影院。

中国电影资料馆成立于1958年,是唯一的国家专业电影档案馆。与一般的资料馆、档案馆不同,这里还定期播放一些没有进入国内商业院线的国外电影,或用于学术观摩的小众电影、戏曲电影、艺术电影等。

它的排片很有特色:会播放一些老电影,比如《三毛流浪记》(1949)、《桃花扇》(1963)、《小兵张嘎》(1964);也会安排一些胶片电影,如《巴黎Paris》(2008)、《那年阳光灿烂Machuca》(2004);还有怀旧电影,如《闯王旗》(1978)、《异形》(1979)等。

它还会不定期做一些怀旧主题的影展,比如周璇、孙道临等老一辈电影人和艺术家的电影回顾展。每个月会做一次主题影片放映,如2017年6月趁着儿童节给80后一代安排了"童年影院",放映了《霹雳贝贝》(1988)、《大气层消失》(1990)、《天堂回信》(1994)等影片。

影院以这种独特的方式,吸引了很多忠实的影迷。观众席上,有不少银发影迷。这些观众,从这里开始播放电影,一直追到现在,不少人已经退休。他们见证了这个影院的变化,也见证了中国电影业的发展。

中国电影资料馆

影院成立初期，老影迷晚上 7 点赶在播放刚开始的时间到达，影院还有大片空位。如果是冷门一点的电影，就只有寥寥数人观影。后来不知何时，这里越来越受到文艺青年的追捧。影迷晚上 6 点就得过去买票，动辄座无虚席。如果碰上火爆的影片，下午就开始排长队等着放票。再后来，独特的学术氛围加上低票价，让很多艺术类院校的学生和电影从业者成了这里的常客。影院越来越火，有些影迷下班后赶过去排队也不一定能买到票。中国电影资料馆的火热，冷门艺术佳片上映时众多文艺青年排队买票的场景，或许是当今中国电影界蓬勃发展的暗示之一。

为了满足更多影迷观影的需要，中国电影资料馆进行了扩建。2008 年，小西天艺术影院进行了重新改造，从原来 900 人的单厅影院变成了"一大四小"的多厅影院。其后，中国电影资料馆又在北京的百子湾开设了首家分院，至 2014 年又开通了部分场次可以网络购票。

尽管通常观影都需要现场排队购票，尽管电影院里没有卖爆米花和饮料，但是，如果你很怀旧，如果你欣赏艺术，如果你喜欢非商业或非主流的影片，那么，就去中国电影资料馆里看场电影吧，体会电影就是电影的感觉吧！

75. 京式幽默听相声

相声，幽默风趣，抖出的包袱往往逗得听众捧腹大笑。关于相声的起源问题，说法不一。相声大师侯宝林先生和薛宝琨共撰一文提出"相声的可证之史较短，可溯之源却很长"。相声的源头，可追溯到春秋战国时期的俳优。

俳优，对于当代人比较陌生，它是古代宫廷中或说或唱的一种滑稽表演形式。司马迁的《史记·滑稽列传》记录和颂扬了淳于髡、优孟、优旃等滑稽人物，他们虽然出身卑微，但却机智聪敏，借事托讽，具有"谈言微中，亦可以解纷"的非凡讽谏才能。其中，优旃是秦国的歌舞艺人，擅长说笑话，并都能合乎道理，可以劝谏暴君秦始皇。秦始皇喜好打猎，曾提出要扩大射猎场地的范围，东到函谷关，西到雍县和陈仓。优旃听完秦始皇所言，说道："好。多养些禽兽在里面，敌人从东面来侵犯，让麋鹿用角去抵抗他们就足以应付了。"秦始皇听了这番话，便取消了扩大猎场的计划。

相声名家马三立先生认为相声真正形成的时间是在清朝咸丰、同治年间。在此期间，相声可考证的史料比较丰富。

提到清末说相声的，就必然会提到天桥八大怪之一"穷不怕"（前文对天桥八大怪有介绍）。穷不怕，原名朱少文，咸丰年间秀才，在科举考试屡次落第后，就以幼年在京戏班所学丑角的技艺唱戏，以自身学识编戏、教戏谋生；后因生活所迫，改行到天桥撂地说单口相声兼唱太平歌词。他在随身携带、用于打击节拍的竹板上镌刻着"满腹文章穷不怕,五车书史落地贫"的字句,"穷不怕"便由此得名。

从清末到民国时期,相声属于不入流的"耍贫嘴的玩意儿",只能选在天津"三不管"、北京天桥这种以平民百姓为主的、客流量大的地方进行表演。

1949年7月第一次中华全国文学艺术工作者代表大会在北平召开,毛泽东主席对文艺工作者提出,"你们是人民的文学家,人民的艺术家,或者是人民的文学艺术工作的组织者"。会上周恩来指出,"文艺工作者是精神劳动者"。此次大会确立了新中国文艺为人民服务的方向,制定了尊重文学艺术的政策,成立了中华全国文学艺术界联合会。自此开始,相声的内容抛弃了侮辱劳动人民、羡慕富豪权贵、低俗的内容和江湖气息,相声演员抛弃了"下九流"的自卑心理。新社会给相声艺术家带来了巨大的荣耀,"人民演员"的身份得到社会认同,涌现出"津派相声"马三立、"京派相声"侯宝林、"中国新相声代表人物之一"马季等杰出的相声演员。

群口相声

说到马三立，常会提到一则轶事。北平和平解放后，已经成亲的马三立突然通过电台公开广播称要与梅花大鼓艺人花小宝结婚，请求大家帮忙找房住。听众虽然一头雾水，却也热心地帮忙，找到了房子。等到搬家那天，房东才发现原来不是马三立要结婚，而是他帮自己的搭档张庆森夫妇觅住处。马三立给房东深施一礼，恳切地说："我想帮朋友，没别的能耐，就会编相声，这不，把自己也编进去了。"第二天，马三立、花小宝在广播中郑重宣布"解除婚约"，对各界朋友致以诚挚的谢意和歉意。有听众打趣道："马善人，你这个'包袱'不小，把一座北京城都'装'进去了！"打这儿起，相声通过广播走进了千家万户，逐渐成为家喻户晓的艺术表现形式。

从20世纪80年代初到90年代初，相声艺术达到顶峰，相声成为大众喜闻乐见的欢乐节目，电视在全中国的普及将唐杰忠、师胜杰、姜昆、冯巩等一批杰出相声演员推送至千家万户。相声成为曲艺的一种重要形式。

到了20世纪90年代中后期，小品这一曲艺形式受到观众追捧，相声逐渐式微。21世纪初，电影娱乐业快速发展，电视综艺娱乐节目形式日渐繁多；其后互联网井喷式发展，广播业受到严重影响。至此，以声音、反讽、抖包袱见长的相声业也受到严重挫折，相声演员和创作群体出现了青黄不接的现象。

就在相声日渐淡出人们的视野时，在北京从艺的一些相声演员重拾"穷不怕"天桥撂地说相声的风格，走下广播、走出电视，重新走进小剧场，走到百姓中间，以传统底层的京式幽默逗乐观众。

随之而起的是"草根相声"的红火。相声开始与现代社会接轨，时尚、活泼、接地气，给北京的空气中又添了几分欢乐与豁朗。

爱上北京的 100 个理由

相声小剧场

　　夜幕降临，当我们开车缓行在晚高峰的二环路上，打开广播重温一段老相声艺术家的段子，似乎有一种穿梭古今的感觉。朋友聚会去小剧场听场相声，成为年轻人的生活新乐趣。在生活节奏越来越快的现代社会，需要有人来说个故事，在意想不到的地方抖个包袱，捧腹大笑的时候，也能重新找到生活的乐趣——活着，不就图一乐儿嘛！

76. 文艺先锋798

在北京的东北角朝阳区酒仙桥街道大山子地区，有一处以20世纪50年代建成的工厂命名的艺术区——798艺术区。

798艺术区的历史要从新中国的工业化开始说起。这里有新中国第一个五年计划期间建设的"北京华北无线电联合器材厂"，即718联合厂。在周边，与718联合厂同时筹建的还有774厂、738厂。这三个厂的建成，对国家的电子工业建设、国防建设、通信工业的发展曾作出重要贡献。

1964年，从第一机械工业部拆分出来专门负责电子工业的第四机械工业部，撤销了718联合厂建制，成立了四机部直属的706厂、707厂、718厂、797厂、798厂和751厂。

20世纪80年代，北京的城市化进程加速，城市面积进一步扩大，原有城市旧工业厂区逐步划入城区。第三产业兴起，老旧工业逐渐衰落，这六厂的经营也随之受挫，职工人数不断减少，处于半停产状态。

自90年代开始，北京为了申办奥林匹克运动会，一大批高能耗、污染严重的大型企业陆续搬离，原址上的工业厂房及工业构筑物的改造利用逐渐兴起。1995年，中央美术学院的隋建国教授租用了其中一处厂房，并将其改造为自己的雕塑工作室，开辟了旧厂房改造的一个新方向——艺术化工作室

2000年，老厂进行国有企业资产重组，除了751厂独立经营之外，其他706厂、707厂、718厂、797厂、798厂五厂与700厂合并成立北京七星华电科技集团有限责任公司。七星集团将部

分闲置房产对外出租。厂区内的厂房水泥现浇结构、天窗拱顶、大空间这些建筑特征，再加上宽敞的空间和低廉的租金，逐渐受到国内外艺术工作人员的喜爱，搬到这里工作。过了几年，厂区内逐渐形成了集画廊、艺术工作室、文化公司、时尚店铺于一体的多元文化空间。

由于早期进驻的艺术机构及艺术创作人员，主要集中在原798厂所在地，因此这里被命名为北京798艺术区。

798室外涂鸦

21世纪以来，798艺术区作为最具工业传奇、艺术气息的区域，从一个普通的军工厂房转变为地标性的文化符号，由一个封闭的工厂转变为开放的文化社区，并逐渐自发形成一个弥漫着主流艺术气息的著名艺术区。建筑外面裸露的蒸汽管道、草地里废弃的机床、生锈的铁门、空旷的场地、通风管道和斑驳的墙面，似乎在向世人诉说着工业时代的辉煌。艺术家们则用其不同的艺术风格装饰这片土地，不仅创作艺术作品，还创造文化空间。

入住798艺术区的人中，有各色各样的艺术青年，不同的艺术元素相互碰撞出来的火花点燃了创作的灵感。截然不同的人在此共生——在巨大的厂房中建起自己的创作室搞纯艺术，或是改造出另类的艺术空间、店铺或餐馆，销售自己的作品并以此为生。相异的艺术观点和生活理念，没有影响到他们之间的交流和互相尊重，安静和狂野交织，清新和另类并举，一同构成了798艺术区的独特音调。

798艺术区的时代性也是它的吸引力的一部分。使人产生怀旧之情的是它所保留下来的20世纪五六十年代工业历史的原生态景观和随处可见的意识形态口号、标语，它们把处于边缘状态的后现代审美灵感激发出来。走进一间厂房，过去工业化时代的痕迹依稀可辨，"毛主席万岁""把工厂建成毛泽东思想大学校"这样的话语都似乎在老旧的朱红里细诉往昔。

如今，798艺术区已成为北京重点规划建设的创意产业聚集区，这里经常会举办各式各样的展览，已是北京的一个文化地标。比如在798艺术区曾举办过的"先生回来"展览，展出"民国讲坛上的人"以此来呼唤当代需要涌现更多的大师。展览主题非常深刻，那句"他们的背影，一个民族的正面"意境深远，给人留下难以磨灭的印象。我们的文化、我们的艺术，是需要一代一代大师接棒传递，发扬光大；也需要一代一代大师将我们的民族文化以不同时期的语言讲述给万千大众，让老百姓能够理解、传承。

先生回来展

先生回来展：呼唤大师　　　　　　　　先生回来

77. 原创阵地在宋庄

宋庄,是北京市通州区经济文化重镇,是中国最大的原创艺术区,这里聚集了大量的艺术创作者和美术馆。最著名的场馆有宋庄美术馆、东区艺术中心、宋庄画家村等。在这里,你可以欣赏到当代艺术,看到艺术创作者如何将对现代人的生活状态与精神世界的思考制作成一件艺术品;你可以在一幅抽象的画作面前驻足,或是仰头围着形状怪异的雕塑转圈去猜度创作者的意图;幸运的话,你可能碰到甚至参与一场行为艺术……

宋庄艺术中心的标志

但这些,都不是宋庄真正的特别之处。宋庄并不是一个供游客游玩狂欢的地方,而是自由艺术创作者的聚集地、居住区。宋庄的气质更接近于生活区而非旅游地。

从宋庄镇入口向里走,你会看到独具风格的艺术主题餐厅、数不清的画廊工作室、或大或小的美术展览馆。这里的街道很宽敞,公交车很久才会来一辆,接

宋庄美术馆

走站台上零星的乘客。再一直往深处走，穿过小道，便来到了众多艺术创作者聚集的生活区，这里更加宽敞寂静。这里的院落每一座都不相同，大多是艺术创作者自己设计建造的。

有句话说："宋庄的艺术创作者在这里创造的第一件作品便是自己居住的房子。"你可以看见红墙青瓦的院落，极具现代感的独栋小楼，色彩张扬的平房，爬满藤蔓的古楼……透过艺术创作者居住的屋前所配备的篮球架或是小菜园，你也可以窥见他们不同的爱好。在生活区的中心还有一个湖，湖边环绕着随风摇曳的芦苇，浅青的颜色给湖边艺术创作者的生活增添一份宁静。走到生活区的尽头，你会看见一大片树林，这片树林将这里的艺术群落和外界隔开，你还能透过树干间的缝隙依稀看见树林对面的公路、听见呼啸而过的汽车轰鸣声。你的脚步回荡在这片宁静的空气中，惊起院内狗狗的狂吠。这便是在宋庄艺术创作者生活区听到的最多的声音了。

这里也许并没有很强的碰撞性、激烈性的艺术氛围，但这里却到处充斥着艺术创作者所秉持的理念：创作的过程是寂寞的。他们在坚守，创作艺术的氛围并不是人们一般想象的那样激情热闹的东西，真正创作的过程是很寂寞的，自己闷头沉下来才是最重要的。这就是为什么他们选择宋庄？因为这里安静又自由。

宋庄包容而宁静。在这里，一群对艺术有着执着追求的人安安静静地过日子，沉浸在自己的世界里寻找作品的灵感。如果你追求的是灯红酒绿的热闹，如果你寻找的是繁华浮夸的激情，如果你来宋庄是想娱乐艺术、凑个艺术的热闹显得自己很时髦，那么你还是另寻去处。宋庄更多的是带给正在追逐艺术的创作者一个宁静的去处，让他们潜心创作，带给真正向往艺术、懂得艺术的人一个去接触、去创作顶尖作品的氛围。

宋庄最吸引人的，不仅是这里的艺术本身，更是聚集在这里的艺术创作者的生活方式。

78. 设计印艺韩美林

"上苍告诉我:韩美林,你就是头牛,这辈子你就干活吧!"

走进韩美林艺术馆,第一眼看到的,就是这句话。一个艺术家,怎么会说出这样一句话?艺术家们似乎应该是忧郁的、多愁善感的,感叹时光与命运。然而,竟会有艺术家把自己比作牛!

走进韩美林艺术馆,灯光朦胧,展厅里的书画与青铜雕像融为一体。空旷的大厅里展

奔牛自诩

品隔得远远的,每一件都享受着自己的舞台,不需要和其他的比较,自然会有人走近,顶礼膜拜。

馆内巨幅奔牛图

首先，步入的是展馆序厅，这里介绍了韩美林从小如何学习书法、篆刻、绘画，如何在饱受牢狱之苦时继续琢磨自己的艺术，如何在自己的"桐斋"斗室中锤炼技艺，如何在经历人生百味辛酸之余，依然能保持自己的作品不带一丝灰暗，保持自己的作品向真、向善、向美。这得有多么豁达的心胸。

奥运会的吉祥物

往前走，来到设计装饰绘画厅，这里展出有韩美林的成名之作——1983年的猪生肖邮票。这枚邮票的设计以其民间艺术简约夸张的风格而受到世人瞩目。还有一幅不得不提的设计作品，是韩美林在1988年用一只朱红色凤凰完成的中国国际航空公司的航标设计，这个设计也跟随着国航的飞机走向了世界各地。还有一套2008年夏季北京奥林匹克运动会的吉祥物的手稿图。

韩美林艺术馆室外雕塑

纵深向前是 20 世纪 80 年代后期，韩美林开始涉猎的雕塑领域成果展品。他的雕塑关注在两个极点上延伸，大到几米、十几米乃至几十米的室外雕塑，小到巴掌尺度的小品。

在韩美林艺术馆里还有一个韩美林工作室，这是 1989 年中国美术家协会创办的以艺术家名字命名的工作室。工作室里人员进进出出，在现场制作艺术品。如果你够幸运的话，说不定还能一睹正在创作艺术品的韩美林本人。

在这座坐落于通州的韩美林艺术馆，收藏了 2000 多件他的作品，另外还有 3000 多件轮换展出。它们都是韩美林的"孩子"，是他一生多舛命运和个人情怀的集中展示。正如著名作家冯骥才先生的评价："韩美林每一天都在与昨天告别，每一天都在被他不可思议地翻新，激情永远跟他厮混在一起。"也正如文中开头提到的韩美林自诩自己是一头干活的牛。来到这里转一转，就更能体会这话中的各种滋味。

爱上北京的100个理由

79."粉丝狂欢"文体馆

日本有东京巨蛋,英国伦敦有温布利大球场,德国慕尼黑有安联体育场,而在中国的首都北京,除了"鸟巢"外,还有诸如工人体育场、首都体育馆、五棵松体育馆(人们在日常生活中常将它们简称为"工体""首体""五棵松")这些地方。它们的特点在于,伴随着场馆内的比赛和演出,这里同时上演着粉丝的狂欢。

工体、首体、五棵松的热闹,既来自球员们在场上的周旋拼杀,也来自粉丝们整齐划一的口号与激情四射的口哨声;既来自得分后刷新的大屏幕,也来自粉丝们震耳欲聋的欢呼与响彻云霄的赞歌;既来自舞台上激昂的歌声,也来自粉丝们手中挥舞的荧光棒和闪烁的灯牌;既来自追光灯下炫丽的舞蹈,也来自粉丝们身后高悬的海报和撕心裂肺的应援口号声。

同时,这里也充满了柔情,既有来自运动员纵使受伤亦坚持的坚韧,也有来自粉丝必胜的信念和无声的鼓励;既有来自风雨同舟的队友情深,也有来自粉丝们坚定的支持和患难与共的团结;既有来自钢琴的舒缓乐声,也有来自粉丝们的安静聆听和轻声合唱;既有来自偶像唇边的笑意,也有来自粉丝们喉头的哽咽和眼角的泪花。

这是属于粉丝的疯狂,在这小小的体育馆内,与天南海北、素昧平生的人汇聚一堂,为了同样的胜利而热血沸腾,为了同样的场景而声嘶力竭,为了同样的遗憾而扼腕长叹,为了同样的感动而热泪盈眶,为了同样的荣光而泪流满面……工人体育馆、首都体育馆和五棵松体育馆,它们是祖国文体事业建设的里程碑,是首都北京的地标与代表,它们,同样也是粉丝们挥洒热爱、贡献激情的归宿。

当哨声响起、当聚光灯闪亮,让我们一起见证粉丝的狂欢吧!

爱上北京的 100 个理由

80. "无须音乐"的音乐节

北京有数不清的文艺青年和话剧表演，这里有看不完的展览，听不完的歌剧，尤其是音乐节这个热闹事儿，北京比别的地方都多。

在北京的各个著名地理坐标中，非正式音乐都是附着在其中的影子。暂且不说三里屯酒吧街，后海成群结队的文摇，五道口酒吧里的软绵绵的音乐，只要有酒吧有夜生活的地方，尤其是地下摇滚的圈子里，一般人分不清"妖魔鬼怪"、"狐狸精"和"葫芦娃"共处一室，难辨真假。如果不是专业人士，或者说不在乎音乐而想感受北京气氛的，还得去音乐节逛。

北京的音乐节，迷笛、草莓、电子、梦象、MMAX 大爬梯……数不胜数。从地理坐标上看，京西京东都在郊区，海淀朝阳都是公园，草坪只要是空地就能来一场。各个音乐节都争取能请到和自己音乐气场相符的大腕儿，最好能请个当下最红的明星。不过，各个音乐节都不一样。拿两个比较稳定的音乐节来说：迷笛音乐节，音乐学院走出的地下摇滚圣地，"迷粉"的情感忠诚；迷笛是中国音乐信仰盛会，在"伍德斯托克"的洋气理念下方显气质，大道之行在于专业不在于商业。通州的草莓音乐节，号称甜腻的"爱与浪漫与春天"，是最炫最妙曼的流行音乐盛会，草莓音乐节的音乐类型比较齐全，以流行乐为主，氛围柔美和谐。总的来说，迷笛是一件严肃的事儿，草莓则是暖暖的。

伍德斯托克是音乐节最初的"名字"，是让人怀念的美国 20 世纪 60 年代嬉皮文化加上反战情绪的绚烂盛会。这是音乐节的鼻祖,摇滚音乐往往激烈地表现文化或社会事件,使得伍德斯托克音乐节从诞生起就达到了顶峰。

"音乐节"的概念进入中国、进入北京,发生了变化,反而和京城的自有风味渐渐融合成了更特别的模样,给人不一样的体验。北京"窝藏着"中国摇滚乐,但是对于音乐节背后的西方精神,什么嬉皮文化自由理念,北京人不在乎也不知道。摇滚讲音乐尊严,讲环保,北京人一句"爱谁谁"就应付过去了。

山顶音乐　　放飞自我

如今,北京年轻人穿上一身衣服就去了,迷笛还是摇滚,清新还是草莓,梦幻还是摩登,小清新还是流行,傻傻分不清楚;泥浆变草坪,风马牛不相及。在北京去参加音乐节,心情不能太沉重,沉重了可以喊台上的人下去,只是态度不要太较真儿。北漂的乐手,CBD的白领和鼎鼎的红日,混着风沙一锅粥。音乐节上有因为歌手嗨翻天的,也有因为买一瓶水排两个小时的队和工作人员吵架的。新京痞平日披上西装,正经隐藏本性,到了音乐节上都变成了假流氓。不管怎样,看那些从音乐节上回来的兴奋的样子或者骂街的背影就知道,你喜欢北京或许有很多理由,但是你不喜欢北京只有一个理由,就是你没来过北京音乐节。

九、饕餮美食舌尖上

　　常言道，民以食为天。历史为北京留下了无数珍宝，而美食也是其中之一。豆汁儿、炒肝、焦圈、爆肚、都一处的烧卖、稻香村的点心……北京特色小吃是不容错过的舌尖享受。除了小吃，更有硬菜。每年都有大批游客慕名而来，只为在充满京味儿的烤鸭店里满足地吃一顿北京烤鸭。

　　北京美食不仅好吃，而且背后的故事也好听，它们动辄拥有上百年历史，甚至跟皇家扯上关系。在北京，你能在东来顺品尝到百年积淀的涮肉，你能在全聚德品尝到走向世界的烤鸭，你能在豆汁儿中品尝到胡同的市井生活，你能在仿膳的菜肴中品尝到皇家气派，你能在清亮醇厚的二锅头里品尝到北京人的性格。在北京能吃遍全国七大菜系，各地驻京办用最正宗的口味刺激着每一位食客的味蕾。在北京能品尝世界风味，工体、望京、五道口、三里屯、后海等地都是异国餐厅的聚集地。

　　酸甜苦辣，是北京带给你的味觉享受，也是北京带给你的人生体验。即便你对北京的拥堵和雾霾有万般抱怨，如果你是一名"吃货"，这里就是天堂。所以爱上北京的一百个理由里，不能没有北京美食。

81. 疯狂小吃"老北京"

除了人文自然景色吸引游客外,北京城还以独特的美食文化让游客流连忘返。北京小吃种类繁多,在琳琅满目的选择中,相信你一定会找到最爱。

护国寺小吃牌匾

老北京小吃

老北京小吃小贩模型

老北京小点心

老北京小吃手艺模型

在北京民间，流传着这样一句俗话："没有喝过豆汁儿，不算到过北京。"豆汁味道独特，似带一股酸腐味，趁热喝，味道就会甜中带酸，酸中有涩。喝豆汁儿这个动作也有个标准，用梁实秋的话说，就是"只能吸溜着喝，越喝越烫，最后直到满头大汗"。而对于外地人来说，初次品尝必然是很难忍受的，然而捏着鼻子喝上两次，则能品出其精妙。

说到豆汁，我们不得不提到它的好搭档——焦圈。焦圈，颜色棕黄，酥脆油香，入口满满清脆，吃过满口留香，令人回味无穷。在老北京看来，豆汁儿加上几个焦圈再加上一碟儿辣咸菜丝，占了五味中酸、辣、甜、咸四味，独没有苦味，是为人生的期盼。

炒肝，汤汁油亮酱红，肝香肠肥，味浓不腻，稀而不澥。北京炒肝历史悠久，是由宋代民间食品"熬肝"和"炒肺"发展而来，清朝同治年间，会仙居以不勾芡方法制售，当时京城曾流传"炒肝不勾芡——熬心熬肺"的歇后语。

爆肚，把鲜牛肚或鲜羊肚洗净整理后，切成条块状，用沸水爆熟，蘸调料吃，质地鲜嫩，口味香脆。老北京人都喜欢吃爆肚，特别是农历立秋之后，有"要吃秋，有爆肚"之说。据说梅兰芳、马连良等名流无不喜食。当年梁实秋先生留学美国，心中最念念不忘的就是爆肚。待他学成回国，居然连家也顾不上回，把行李寄存在车站，先跑到馆子里要了三个爆肚。梁先生认为这顿饭是"平生快意之餐，隔五十年犹不能忘"。

茶汤，北京茶汤因用龙头嘴的壶冲泡，又叫龙茶，味甜香醇，色泽杏黄，细腻耐品。北京茶汤自有一套冲制的技巧，用一把铜制大茶壶，壶嘴细长，壶内四周贮水，中间空如炉膛，将燃煤放入膛内，把水烧开，即可用以冲熟茶汤。茶汤滋味内蓄，除香甜外，还有一股谷物的朴实之气，给人以亲切感。

除了以上大家耳熟能详的沿街小吃，北京还有各种各样的甜点也值得一试。比如豌豆黄，是春夏季节一种应时佳品，有"三月三豌豆黄"的习俗，色泽浅黄，入口细腻，据说有利便消咽、降脂减肥的功效。驴打滚，成品黄白红三色分明，色泽鲜亮好看。因其最后制作工序中撒上的黄豆面，

护国寺小吃

犹如老北京郊外野驴撒欢打滚时扬起的阵阵黄土，因此而得名"驴打滚"。艾窝窝，用糯米制作的清真风味小吃，其特点是色泽雪白，形如球状，质地黏软，口味香甜。

老北京小吃传至宫廷，御厨加以改良，后多失传。现如今，传承下来的清朝宫廷小吃，可以到白家大院寻觅一二。白家有两种美味小点心。一道美味当属豌豆黄：沙滑细腻、毫无杂质，入口一抿、即滑入喉。另一道美味乃芸豆卷：红白相间、似天上祥云，入口即化、丝滑香绵，是京城各家贩售宫廷芸豆卷中的极品。然而，近年来白家的这两样美味小吃，尤其芸豆卷制品用料，口感下滑，不如从前；希望这门手艺没有失传。

北京的许多小吃大多由民间传至宫廷，一度成为宫廷吃食，现如今又回归民间成为老少皆宜的大众食品。

爱上北京的 100 个理由

82. "北京烤鸭"戒不掉

提到北京的名吃，多半人一定先想到北京烤鸭。每年都有大批游客慕名而来，只为一饱口福。所以《爱上北京的 100 个理由》这本书里，不能不写北京烤鸭。

不过，烤鸭的故乡其实是在南京。明朝开国皇帝朱元璋定都南京后，"片皮鸭"（即"叉烧鸭"）成为宫廷膳品，为满足皇族的需求，御膳房发明了"焖炉烤鸭"，颇受欢迎。明永乐十九年（1421），明成祖朱棣迁都北京，于是"烤鸭"随之北上，落户北京，逐渐发展成为远近闻名的"北京烤鸭"。

清入关定都北京后，将满族嗜好的烧烤风味菜融入宫廷膳食，御膳房将"焖炉烤鸭"改进，发明了"挂炉烤鸭"的烹调技艺。同治三年（1864）前门外大街又开了一家"全聚德烤鸭店"，创业人为杨全仁，采用的就是清御膳房流传出来的"挂炉烤鸭"，历经百余年的发展已经成为享誉世界的烤鸭店了。

新中国成立后，北京烤鸭的声誉与日俱增。据说周恩来总理生前十分欣赏这道名菜，他曾 29 次到北京"全聚德"烤鸭店视察工作，宴请外宾，品尝烤鸭。北京烤鸭经历了几百年的历史沿革，到如今已经发展成为一种极为讲究的传统名吃。

传统北京烤鸭的烤制方法有二，"挂炉"和"焖炉"。前者以果木为燃料，明火烤制，肉味清香；后者则以秫秸为燃料，隔火墙烤，肉质细嫩。现在虽有用电炉烤制，但风味却远不如这两种传统烤制方法。

吃北京烤鸭，首先讲究季节。吃烤鸭最好的季节，当属初秋。初秋天高气爽，鸭子肥壮。经过烘烤之后，油而不腻，肥瘦相当，口感甚佳。而夏天的鸭子，肉少膘薄，口味较差。

吃北京烤鸭，其次讲究片法。所谓片法，是指烤鸭出炉切割装盘的方法。烤熟、透风、稍凉，在鸭脯凹塌之前，及时片下皮肉装盘，立即上桌食用，皮酥脆，肉嫩香。一只烤鸭到底切多少片？过去说要108片，其实这是一种广告"噱头"。不过，通常也会达到90片。

吃北京烤鸭，最后讲究佐料。吃烤鸭的佐料当选用上成甜面酱，大多京城烤鸭店选用北京六必居的甜面酱，并配以新鲜的葱段、鲜黄瓜条或鲜青萝卜条，用以调味、清口。

要说这烤鸭不光备受广大食客的青睐，在电影电视中还时常能看到它的身影。曾经热播的《穿越时空的爱恋》里面，上到朱元璋，下到市井百姓，都被烤鸭迷得不行。观众们在品味戏中烤鸭的色香味儿之余，还能感受古人吃烤鸭的各种讲究和绝活。电影《天下无贼》里面，刘若英，大口大口地吃着烤鸭，都顾不上走过来的警察。我们可以从一个侧面看出烤鸭的美味。

北京烤鸭这道美食也受到来京外国游客的追捧，是他们必点的美食。曾有一位英国学者，每逢来北京开展学术交流之余，一是要吃一次北京烤鸭，二是要逛一逛琉璃厂和秀水街。北京烤鸭店在国外也深受欢迎，它代表着北京的美食文化，不仅吸引西方游客，还是海外侨胞、留学人员，思乡解馋聚会之所。

一片荷叶饼，两缕葱丝，一牙黄瓜条，两片带皮鸭肉，沾点六必居的甜面酱，左折右折，卷两下；严严实实包上，一举放入口中，轻轻咀嚼；鸭皮脆而不油、鸭肉嫩而不腻，咸甜中和恰到好处，满口留香。那香味，不单单是烤鸭的美食之香，还是北京的味道，中国的味道，海外游子无法忘却的思乡味道。当年我在美国留学时，在斯坦福大学附近吃到改良后迎合美国民众口味的北京烤鸭，也足以让游子咂唢食味、思念祖国，泪流满面。

爱上北京的 100 个理由

83. 乾隆赞的"都一处"

坐落于繁华的前门大街的都一处烧卖馆始建于乾隆三年（1738），悠久的历史赋予了都一处不同于其他饭馆的独特魅力。

说到都一处就不得不提到它的名字的由来。看似没有什么寓意，但背后却有一段传奇历史。

据说，山西人王福瑞于清乾隆三年在北京创办了一家名为"王记酒铺"的饭馆。民间有传说在乾隆十七年的大年三十夜，乾隆皇帝微服私访途中感觉饥渴难耐，但是当时途经的前门大街内的商铺都已打烊，唯有那家"王记酒铺"仍然在营业。于是乾隆皇帝便进入此店进餐。"王记酒铺"的菜肴不仅卖相好而且口感好，可谓色香味俱全，并且搭配醇香的美酒使得乾隆皇帝心情愉悦。皇帝看这个时候京都只有这一家在营业，便为这家尚无字号的店取名为"都一处"。回宫后乾隆帝为"都一处"亲自提笔，并且制作成牌匾送至店里。自此以后都一处名声大震，官员和商人纷纷至此，都一处在保证高质量的前提下借助皇帝的御笔生意更是兴隆。甚至将当年皇帝坐的太师椅用黄缎子盖上，下面垫着黄土放在店内，任何人都不得再坐。

虽然在此后都一处烧卖馆也因为经营者的变动和历史的影响经历过逆境，但是这样一个历经风雨的古老铺子并没有打垮。

都一处的马莲肉、晾肉、乾隆白菜、狮子头和炸三角都十分出名，深受食客欢迎。

当然，都一处最出名的还是烧卖。夹起一只虾仁烧卖，金黄的面皮在昏暗的灯光下显得格外晶莹通透，透过薄薄的皮似乎可以看到里面虾仁的鲜嫩。包裹着饱满虾仁的烧卖让人看着就很有食欲，真正入口时虾仁的鲜香与面皮的质感和谐地融合在一起，那种鲜香充斥在口中，一笼过后，意犹未尽。都一处的烧卖不仅闻名全国，还走向世界。都一处曾经到日本去传授烧卖制作技艺。

1989年，都一处烧卖获得商业部餐饮"金鼎奖"，2000年被认定为"中华名小吃"。2002年，都一处烧卖馆加入了北京便宜坊烤鸭集团有限公司，成为商务部首批认定的"中国老字号"。2008年，其烧卖制作方法被列为国家非物质文化遗产名录。

都一处素馅烧卖

都一处海鲜烧卖

现如今，在前门大街众多的铜人中就有那么一尊，描绘的正是乾隆皇帝为都一处题字的场景。当你在前门大街逛街时，如果见到都一处烧卖馆，不妨进去坐一坐，不仅是美食的享受，而且是历史的回味。

84. 点心匣子"稻香村"

逢年过节,老北京人走亲戚串门总要拎个"点心匣子",这是他们固守的礼貌和面子。在诸多经营糕点糖果的店铺中,稻香村可谓是家喻户晓的点心界老字号。

稻香村

从宋代开始,辛弃疾用一句"稻花香里说丰年"将"稻"与"香"做了完美的融合,稻之香成为中国人饮食上追求自然的象征。稻香村其名出自《红楼梦》,据《清裨类钞》中说:"……稻香村所鬻,为糕饵及蜜饯花果盐渍园蔬食物,盛于苏。苏人呼曰青盐店。""稻香村"原是长江中下游地区食品店的字号,后来迁到京城,因其以制作和出售江南点心为主,所以被老北京人称为稻香村南货店。

南方的点心一落户北京就成了抢手货,不仅味道醇美,种类众多,而且重油重糖,在干燥的北方容易存放。1912年5月,鲁迅搬到北京宣武南半截胡同的绍兴会馆,在日记中记录了15次光顾稻香村的经历。带有江南味道的点心,再加上朴素清新的名号,就成为鲁迅先生经常光顾稻香村的理由。

1926年,军阀混战,政局动荡,北京稻香村的生意受到极大的影响而被迫关张,这一关就是半个多世纪。直到1984年1月

22日,稻香村复业后的第一门市部东四北大街营业店正式开业。距离开门还有一个多小时,已经有很多顾客在寒风中排起长队等待,蜂拥而至的顾客让员工们应接不暇,还有远郊区县和外地人纷纷托人代买。

稻香村的产品用料讲究。粽子的火腿要用浙江金华的,肉质紧实;玫瑰花饼的玫瑰要在京西妙峰山赶着太阳没有升起来的时候带着露水采摘下

山楂锅盔

来,才会芬芳馥郁;核桃仁要用山西汾阳的,色白肉厚,香味浓郁……选料之后,糕点的制作也都有着自己的科学量化指标。为了保证传统食品的手工特点,必须有师傅亲自来看外观颜色、摸松软程度、尝味道、看火候。特色点心还有山楂锅盔,吃起来是绵软酥松,酸咸可口。稻香村点心不仅手艺活好,而且吃得放心。

现如今,稻香村有了自己的新使命——唤起人们古老的记忆,宣扬博大精深的中国文化。据了解,北京稻香村于2009年推出了首款二十四节气养生食品"立秋肘子",至今,已相继推出"春分太阳糕、立夏陈皮饼、小满桂圆酥、芒种桑葚果、夏至荞麦饸饹面"等共24款产品。这一行为旨在提倡居民能够顺应天时,食时令之物,从而更好地增强体质。

北京三禾　稻香村　牌匾

 老糕点
 新点心

除了时令小品,还有京八件——从清宫里传出来的著名糕点,原本是皇室王族在重大节日典礼上摆上餐桌的点心,也可以相互赠送,包括福字饼、禄字饼、寿字饼、喜字饼、太师饼、椒盐饼、枣花饼、萨其马,不但用料考究,还蕴涵着皇室的高贵气派和儒雅的文化色彩,成为京城百姓登门拜访、互赠祝福的首选礼物。

然而,近年由于品牌争夺、保护不当,出现了北京稻香村、苏州稻香村、河北稻香村"三家分晋"的混乱情况,产品未形成统一标准,给稻香村这一老字号品牌带来隐忧。

85. 涮肉讲究东来顺

东来顺是有口皆碑的老北京招牌了，只要是北京人，没人不知道东来顺的涮肉。

话说在光绪二十九年，也就是1903年，东来顺创始人丁德山就在校尉营西、神机营北门里紧挨着金鱼胡同的空场里摆摊卖面。他请先生起名为"东来顺粥棚"，取"来自京东，一切顺利"之意，可后来摊铺却在1912年被北京兵变给毁了。

但丁德山没有气馁，又在1914年建成了"东来顺羊肉馆"。他在涮的原料和器物上下足了功夫，形成了东来顺涮肉八大特色——"选料精，刀工美，调料香，火锅旺，底汤鲜，糖蒜脆，配料细，辅料全"。

煮沸的汤锅羊肉三涮即熟

选料精，刀工美，是在羊肉上做足了功夫。当时丁德山为了保证羊肉的口感，在东直门外面辟了几百亩地，专门拿来做牧场和菜地，所以东来顺的羊肉一直都有新鲜的传统。现在的羊肉选的也是锡林郭勒盟黑头肥尾白羊和澳大利亚良种羊的杂交品种，肉质鲜美，没有膻味。

除了肉质，独家刀工也是东来顺涮肉久涮不老的原因。东来顺的涮羊肉一直都讲究刀工精美、厚薄均匀、排列整齐、形如手帕，所谓"薄如纸、匀如晶、齐如线、美如花"。切出的肉片放在青花瓷盘上，下面的花纹都能清楚地看到，每盘40片，不多不少。调料香，火锅旺，底汤鲜，都是做足配料和辅料来搭配涮羊肉的工序。

鲜嫩可口的羊肉保证了口感

东来顺的传统涮料是麻酱料，看似简单，但其实由七种调料制成：以麻酱、酱油为主，韭菜花、酱豆腐为辅，再放少许虾油和料酒，酌情添加辣椒油。东来顺后来不断发展，也增添了新的调料种类，形成了辛、辣、卤、糟、鲜的独特口味，迎合五湖四海来的食客的胃口。

翻腾的水里煮蔬菜面口感清爽有嚼劲

再说火锅，东来顺专门开了一个加工厂来制造紫铜火锅，炉膛大，放炭多，开锅快，现在用的是无烟耐烧的环保炭，所以大冬天来吃东来顺，暖暖和和地吃两个小时都不用再加炭。火锅里面配上东来顺秘制的鲜汤，让羊肉片和着海米、葱花、姜片、口蘑一起涮，绝对是涮肉鲜味一绝。

　　涮肉也有很多讲究。涮之前，先吃一点清爽的小菜打打底，这样涮肉吃起来更加醇厚，吃多了也不伤胃。东来顺涮肉有"文吃"和"武吃"两种吃法。"文吃"就是现涮，夹住羊肉片在滚烫的锅里涮三个来回，然后放在盘子里浇上酱料吃。"武吃"就是把盘里的羊肉片都拨到锅里去，适合很多人聚在一起吃，不用担心肉片变老，因为东来顺出了名的"一涮就熟，久涮不老"。最后再来点绿豆杂面和糖蒜，油腻全解，满口清香。

爱上北京的 100 个理由

86. 皇家享受在"仿膳"

在皇上的花园子里吃御膳房的师傅做的宫廷菜,这事搁过去您想都甭想。就算您仅是动了这念想,也是大不敬。现在就大不相同了,如果您想去北海吃御膳,您抬腿就能去。

1959—2016 年仿膳位于北海琼岛的漪澜堂

仿膳现址已迁回北海公园北岸

仿膳成立于 1925 年,当时原本在清宫御膳房当差的赵仁斋和他儿子赵炳南,邀请了原御膳房的厨工孙绍然、王玉山、赵承寿等人,一起在同年正式对外开放的北海公园北岸开设了茶社,取名"仿膳",意思是仿照御膳房的制作方法烹制菜点。

1955 年,仿膳茶社从私营改为了国营。一年之后,茶社更名为"仿膳饭庄"。1959 年,仿膳饭庄由北海公园北岸迁到北海的琼岛之上,坐落在北海公园琼岛漪澜堂、道宁斋等一组乾隆年间兴建的古建筑群中,直至 2016 年 4 月。

2016 年 4 月仿膳饭庄搬离琼岛的漪澜堂,搬回到北海公园北岸仿膳茶社的原址。2017 年 5 月,经过一年整修,仿膳饭庄腾退出的"漪澜堂景区"正式对公众开放,漪澜堂景区的开放使得北海琼华岛景区南北轴线彻底打通。北海公园 2018 年启动大修,2019 年完成,景区全面开放。仿膳现址已迁回北海公园北岸,位于北海公园九龙壁旁,这里背山面水,景色秀美。

时至今日,虽然已经不用避讳皇家封号,但是这仿膳的名号已经流传下来,其主营的清宫糕点小吃及风味菜肴,因为保持了"御膳"特色,深受食客欢迎,"仿膳(清廷御膳)制作技艺"已列入国家级非物质文化遗产。

作为一个饭庄,名字再大、环境再优美也敌不过食物对人的诱惑。仿膳最著名的宴席当属"满汉全席"了。满汉全席选用山八珍、海八珍、禽八珍、草八珍等名贵材料,采用满人烧烤与汉人炖焖煮炸等技法,可谓汇满汉南北口味之精粹。完整的满汉全席需分 4—6 餐食完,为满足不同客人的需要,饭庄又推出"满汉全席精选"餐式,客人食一餐便可略领满汉全席之精美。这一餐式"不可零点",只有套餐。

满汉全席牌匾

宫廷小吃:豌豆黄　芸豆卷

仿膳饭庄经营的宫廷菜肴约 800 余种,其中凤尾鱼翅、金蟾玉鲍、一品官燕、油攒大虾、宫门献鱼、溜鸡脯等最有特色;当然少不了宫廷小吃,豌豆黄、芸豆卷、小窝头、肉末烧饼……光是想想就流口水。

为了确保传统菜点的质量特色，仿膳坚持按传统质量标准作菜点，如肉末烧饼、豌豆黄、芸豆卷，一直坚持手工操作，保持了传统特色与口味。

宫廷名吃：圆梦肉末烧饼
溜鸡脯　方酥鸭

为了不断挖掘开发宫廷名菜，仿膳多次前往故宫博物院，在浩繁的清宫御膳档案中整理出乾隆、光绪年间的数百种菜肴，并据此研制出"燕尾桃花虾""一品豆腐""海红鱼翅""金鱼鸭掌""方酥鸭"等菜肴。

仿膳采用宫廷御膳的烹饪方式，所用美食器皿、台布桌椅、室内装饰也都采用仿照清朝宫廷样式。

餐具采用标有"万寿无疆"字样的仿清宫瓷器或金器，餐桌配以明黄色的台布、餐巾、椅套，连窗帘也采用皇家明黄色为主，墙四壁配以书画墨宝，古朴典雅，宫廷特色浓郁。

除此之外，在大厅中央，内装饰均以龙凤为主题，彩绘宫灯高悬，布置有龙椅、凤銮等布景，踏进饭庄大厅仿佛走进皇家御膳房。

皇家器皿

仿膳给了我们一个回味老北京的地方，让如今甚至是多少年之后的人们也能够体会到舌尖上的皇家享受。

大厅宫廷风格内饰

爱上北京的100个理由

87. 麻辣"簋街"夜天堂

提起麻辣，人们第一时间想起的，总是四川、重庆、湖北、湖南这类无辣不欢的地方。但若说京城里没有吃麻辣美食的好去处，那也不尽然。东起二环路东直门立交桥西段，西到交道口东大街东端的簋街就是这样一处皇城根下的麻辣圣地。

簋街原名并不叫簋街。它的官方名称"东直门内大街"显然不如"簋街"这样一个有些生僻的名字来得高端洋气、文雅脱俗。而它与清朝时期所用名字"鬼街"相比则平添一份神秘色彩。相传在清朝年间，东直门是专门为了往北京城内运送木材并往城外运送死人用的，门外是一望无尽的坟场。由于当时东直门属于城郊结合部，城门内自然形成了最初的早市，在东直门内贩卖杂物菜果的小贩们后半夜开始蹲点叫卖。这些小贩们以煤油灯取光，远处看上灯光朦胧，加上周围随处可见的棺材铺和杠房，很有令人毛骨悚然的感觉，故被人称为"鬼市"。

改革开放后，街道两侧的很多商家店铺从事各种各样的生意，但人们发现在这条街上只有开饭馆的生意能成功，白天顾客稀少，到了晚上却车水马龙。餐馆的生意实在超好，各店铺都逐渐转开餐馆，开店时间也越开越晚，一条餐饮美食夜市街渐成规模。

"月上柳梢头，人约黄昏后"，夜色深沉，京城渐静之时，鬼街却挑起大红灯笼，成为北京人半夜三更寻觅美食、把酒言欢的聚会场所。东城区商委便把鬼街命名为"东内餐饮一条街"。只是由于"鬼"字终究不雅，工作人员就开始冥思苦想，要为鬼街易名,但是老板们大都不同意,说害怕改了名就坏了风水。就在这时候,工作人员发现了字典里有这个音同字不同的"簋"字,代表中国古代用于盛放煮熟饭食的器皿,能和吃沾上边,便开始大肆宣传,并且还在东直门立交桥桥头做了一个"簋"的大铜塑像,于是就有了"簋街"。

一般说到簋街,人们最先想到的就是"麻小儿",这是簋街的招牌和特色菜。"麻小儿"全称麻辣小龙虾,就是用大量花椒和辣椒炒出来的小龙虾,颜色鲜红,味道香辣。除了"麻小儿",鸭脖、火锅、馋嘴蛙和重庆烤鱼也是簋街上不可或缺的麻辣美味。

簋街最负盛名的餐厅叫作胡大饭店,由簋街最大的小龙虾供应商孙玉珍女士创立。由于胡大家的小龙虾野生、肉足、绿色,味道麻辣鲜香,在短短的三年内,胡大由开店时一百多平方米七张餐桌的小店,发展为九十多张餐桌、独自拥有一千多平方米的特色中档餐厅。

继承了"鬼街"夜晚的门庭若市,每天晚上9点钟后,总会有一大拨顾客来簋街吃夜宵。于是,街上的许多饭馆便纷纷延长了营业时间,后来干脆改成24小时营业。一到夜晚,簋街上红色的灯笼便纷纷被点亮。其他地方的小店纷纷打烊,只有这一片灯笼的海洋能让饥肠辘辘的人心中一暖,眼前一亮。

88. 酒香悠悠"二锅头"

中国人喜欢饮酒,每个地区都有自己独特的酿酒原料与技法,形成了异彩纷呈的地方酒种。北京最著名的酒是什么呢?相信即使您没真正品尝过,也能说出那三个字:二锅头。作为京酒的代表,它已经有好几百年历史了。北京知名的二锅头酒有红星二锅头、牛栏山二锅头等。

红星二锅头

说起白酒的命名,那可真是一门学问。有的酒以酿造地命名,比如贵州茅台、山西汾酒;有的以原料命名,比如五粮液、直隶高粱酒;而二锅头,是以其酿造工艺命名。

"二锅头"代表着一种什么工艺呢?这还要回溯到康熙年间,前门"源昇号"酒坊技师赵氏三兄弟对白酒酿制工艺的改良故事了。二锅头在蒸酒时,用锡锅作冷却器。蒸酒时,需将蒸馏而得的酒气,经放入锡锅内的凉水冷却流出。经过多次试验,赵氏三兄弟一致认定,第一次放入锡锅内的凉水冷却流出的"酒头"和经第三次换入锡锅里的凉水冷却而流出的"酒尾"不够纯正,只有用第二锅水蒸出来的酒味道最好,不烈、不淡,醇厚爽净。所以,他们只择取经第二次换入锡锅里的凉水冷却而流出的酒,故起名为"二锅头"。

在无数酿酒大师的努力下，二锅头的酿制技艺不断进步。2008年，北京二锅头酒传统酿制技艺被认定为国家非物质文化遗产。

正是因为有了严格而特殊的工艺，二锅头才能有现在醇厚的韵味与悠长的回甘。相传二锅头的酒香悠悠，不仅深受老百姓的喜爱，而且引来了"九五之尊"的青睐。1680年秋，康熙从南苑狩猎归来。当龙辇行至珠市口附近时，忽然远处一股淡淡的清香飘来，康熙旁遂派贴身太监梁九功前去探察，寻着香味梁九功来到了"源昇号"，发现了这处造酒作坊。在畅饮"二锅头"后，康熙皇帝顿感此酒"醇厚甘洌、清香纯正"，龙颜大悦，提笔书写了"源昇号"三个大字。从此，这个老字号就成了国人公认的二锅头宗师。

虽然有关皇帝的传说让二锅头沾染了那么几分贵气，每一个品牌的二锅头又有很多细分，但二锅头的价格一直是很亲民的，似乎天生没什么架子。

老北京有个词儿叫"酒腻子"。不太宽裕的嗜酒者到了酒馆，要上一杯酒，再占个位子，馋酒时咬一口咸菜条，抿一口小酒，一坐就是大半天。明清时期北京的侃爷们闲来无事腻在酒馆闲聊成了一种特有的京味文化。前门、西四、西单、东单、鼓楼大街等街道小酒馆林立，也是当时京城一道独特的风景线。

一瓶二锅头，配上一份老北京小吃，再来位爱侃大山的朋友，"酒酣胸胆尚开张"，谈天说地，道古论今，一个字，美！

二锅头细分各种年份

89. 尝遍全国"驻京办"

北京城作为历史上的五朝古都，现在的首都，在社会、政治层面有不少不同于地方的特色，驻京办就是其中颇有特点的代表。

驻京办的起源和一种被称作"邸"的旅舍紧密相关。秦朝时就已经出现了邸，它设在京城。起初，住在"邸"内的各少数民族首领和官员，办理完手头的公务后，就离开首都，回到属地。渐渐因为实际需要，少数民族就在邸内派驻了常驻代表。这些常驻代表的工作，就是在朝廷和地方之间搞联络。到了近现代，驻京办同样发挥着沟通上下各方、传达消息文件的任务。

不过，对于在北京生活的普通民众来讲，驻京办可是朋友聚餐的好去处，有的"吃货"提起驻京办甚至会流口水。这就要从驻京办的起源说起了，受到交通和通信手段的制约，古代地方派去中央汇报的官员被留守在京城，成为常驻代表，为了满足这些人以及来北京述职的地方官员的生活习惯和饮食习惯，在驻京机构中往往有当地的厨师随行。在当代，各个驻京办周围都布满该地方小吃的饭店，服务对象也从特定官员扩展到普通百姓。这些饭店往往都是由当地人主办、当地大厨掌勺，以正宗、美味、平价吸引了无数想要尝鲜的人。代表性的省市驻京办餐厅有不少特色菜品。如黑龙江驻京办龙港酒楼的尖椒炒平山干豆腐、红烧马哈鱼、大碴粥；辽宁驻京办辽食府的锅包肉、小鸡炖蘑菇、干炸蝉蛹；内蒙古驻京办的巴盟烩菜、蒙古馅饼、拔丝奶皮子；河南驻京办豫香苑的胡辣汤、开封灌汤包、河南烩面；福建驻京办八闽食府的厦门五香卷、闽式海蛎煎、正宗佛跳墙。

即便很多驻京办的位置比较隐蔽难找，不过酒香不怕巷子深，还是有大批食客不辞辛苦慕名而来。在各个驻京办中，新疆、四川、云南等更是受到广泛好评，有人说这是在北京吃到的最正宗的地方菜了，甚至一些材料都是从当地空运过来的。四川驻京办的口水鸡香而不腻、毛血旺配料丰富，新疆驻京办的羊肉串里外都嫩，湖北驻京办的武昌鱼肉质鲜香，这些都是广受好评的菜品。想在北京找到地道清真餐厅，除了北京的牛街外，驻京办餐厅也有特色。如新疆乌鲁木齐驻京办新疆饭庄、新疆巴音郭楞蒙古自治州驻京办金丝特餐厅、新疆石河子驻京办准噶尔餐厅，宁夏银川驻京办餐厅都能尝到各种鲜羹不膻的羊排、羊腿制作的佳肴。在北京，一些地方菜系的饭店开张的时候都会打出"比驻京办还好吃"的招牌，这也可以从侧面看出驻京办的美食在人们心中不可撼动的地位。

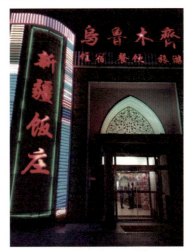

乌鲁木齐驻京办新疆饭庄

在驻京办餐厅，除了可品尝地方美食，还可了解地方文化、风土人情。如到甘肃驻京办飞天食府可尝到正宗西北菜：兰州糟肉、东乡土豆、天水锅盔、黄河大鲤鱼、酒泉小米松；还可看到张掖天下第一卧佛1：37比例复制塑像、天水麦积山飞天挂毯、嘉峪关魏晋砖画"驿使"图的浮雕作品、1976年临夏回族自治州出土的距今4600多年的马家窑文化遗址彩陶壶、敦煌画像仿真品等。再如福州驻京办福州宾馆，可品到地道闽南菜：荔枝肉、鱼丸肉燕，还可了解京城老福州会馆、福州馆街、福州人林则徐故居等背后的历史故事。

新疆烤馕

新疆饭庄

近年来,一部纪录片《舌尖上的中国》火爆电视荧屏,让全国人民见识了中国美食的博大精深,诱人的画面,丰富的品类,勾引着人们胃里的馋虫想把各地美食尝个遍。如果你预算有限,或者没时间跑遍全国的话,不妨就来北京吧,去各个驻京办走一遭,即可尝遍全国美味。

新疆大盘鸡

孜然羊腿

新疆美食　手抓饭　拌洋葱　哈密瓜

九、饕餮美食舌尖上

90. 世界美味全都有

说到当代世界美味，首先得说中国菜。您在北京除了可以吃到前文所提到的传统北京小吃、皇家菜肴、各式地道的外省特色菜肴外，还能到钓鱼台国宾馆品尝到当代中国的国宴。

钓鱼台国宾馆是 1959 年国家为接待应邀来华参加庆祝中华人民共和国成立 10 周年庆典的外国元首和政府首脑而建造的，至今已接待 1300 余位外国元首和政府首脑。它有 16 栋不同风格的接待楼、两个古建筑群和一座酒店，绿树碧水环绕、园林景色宜人，现已对公众开放，只不过一餐价格不菲，多为包桌、包厅的形式。零点包桌人均消费 3000 元左右，很不经济；适合宴会包厅，因规模价格不等。

钓鱼台宴席凉菜

钓鱼台宴会厅装饰灯

其次，聊聊周边国家的菜肴。品完中国宴，您还可以到北京的望京、五道口、后海、中关村等地，品尝韩国菜、日本菜、泰国菜、越南菜的美食。

望京和五道口可以说是北京城韩国人的主要聚集区，自然也少不了很多韩国人来此开设各种韩国料理店。韩国烤肉店就曾随着韩剧的热播风靡一时。"紫霞门"韩国料理光听名字就很韩范儿，装潢雅致，小桥流水人家，很多服务员都是韩国人。这里不仅深受中国明星欢迎，还有很多韩国大牌明星来京演出也要来此，人均消费180元以上。走在望京和五道口的街头，随便走进一家中、韩两种语言标注店名的小店，点一份烤肉、一碗大酱汤，都是不错的，人均消费120元左右。说到韩国料理，还要提到多年前一家隐藏在北京大学留学生宿舍楼的"韩料店"，这里的海鲜饼、石锅拌饭、煎黄鱼经济实惠，还有任意免费自取的店主人自制的传统辣萝卜、辣白菜、裙带菜和时令菜，这是北大学生解馋的好去处，每餐吃完还可打包几块辣萝卜和几片辣白菜。只可惜，如今店主人因年事已高，不再经营了，这也成了许多人记忆中的味道。

日本料理寿司拼盘

接着聊聊邻国日本料理。北京有一家高级日本料理店"京都怀石花传日餐厅"，以日式服务、小包间、套餐的方式为主，特色菜肴有牡丹虾冻、和牛、海螺、盐烤鲍鱼配海胆、金箔黑豆、红金眼鲷全鱼刺身、抹茶。"怀石料理"本身在日本属于享受美食的一种形式，食材量少需要细品，属于慢餐，一餐用时约2小时。这家开在北京的花传餐厅，走的是怀石料理路线，主厨和服务员都是来自日本，食材也号称是从日本当日空运来的，价格奇高，人均4500元，门面较小，但能品尝到少见的顶级食材。还有一家"花蝶日料铁板烧"用自助的形式,可以将高级日料吃到饱。可以一气儿将三文鱼、北极贝、金枪鱼、醋青鱼、八爪鱼等众多刺身点齐种类,烤鳗鱼、烤生蚝、烤牛舌、烤虾也非常美味,最美味的是在这里可以把海胆刺身吃个够,现场剥出的海胆刺身软化细腻、入口即融,极其鲜美,人均消费270元左右,在北京能吃到海胆刺身级别的餐厅性价比算是较高的。还有近年非常火的一家日式料理店叫"将太无二",在很多繁华商业街区都有分店,这里的东西不仅好吃,而且菜名也很文艺,像是秋天的童话、CBD寿司、CCTV沙拉等,人均120元左右。还有诸如河风精致寿司店的小店也比较多,店内装饰和寿司走精致路线,以堂食、外卖为主,人均60元。另外,日式料理的常见形式"回转寿司"也曾一度受到食客们的追捧,人均50—100元不等。

至于泰国菜,代表性的有"泰合院(万泉河店)",它的位置比较隐蔽,从店面到内饰都极具泰国风情,内部以紫色系为主,给人以神秘之感;店家的咖喱皇炒肉蟹、冬阴鲜菌肥牛汤、咖喱大虾、内宫椰子千层糕、梅子煎鲈鱼

咖喱大虾

都是好吃又特别,人均230元。另一家"苏泰辣椒"是泰国驻华大使经常光顾的泰菜馆,走的是高级传统路线,它的黄咖喱炒蟹、黄咖喱牛肉、香兰叶冰茶是特色美味,人均290元。

越南菜一度最有代表性的是"庆云楼(什刹海店)",该店从外门装饰到屋内陈设,古色古香;它的越南生春卷、菠萝饭、牛

菠萝饭

肉汤河粉、南越咖喱鸡深受欢迎,人均260元。庆云楼本身就很有故事,始建于清朝道光年间,是京城第一家经营鲁菜的饭庄,位置距离素有京城胜景"银锭观山"的银锭桥北侧不足百米;昔日诗酒流连,曾有恭亲王、庆亲王、定国公、安国公等名门望族饮宴于此。后因世事变迁,庆云楼多次易主,2002年屋主之子与人合作,利用老宅的一部分改造经营越南菜,名噪一时,又恢复了庆云楼以美食为生计的路子。只不过2015年以来,似乎经营的道路上又往老北京菜或者宫廷菜系上跑,让食客们摸不着头脑。

现在想尝一尝越南菜,人们去得比较多的是西贡在巴黎(老佛爷店)、Susu这样的店面,人均100—200元。越南菜的主打菜"越南河粉""牛肉米粉"和中国菜的"河粉、米粉"口味特别相近,但又有所区别。尤其是当你在美国、英国这些饮食差异巨大的国家居住半年以上,想在一餐人均100元(约15美元)的大众餐馆吃饱,除了中国餐馆,越南餐馆就是第二选择了,因为口感相近、量大实惠。

越南河粉

另外，谈谈西式菜肴。北京作为国际化大都市，当然不只有"近水楼台"的周边国家风味特色菜品，美式快餐店、法国西餐厅、意大利比萨、俄罗斯风味等也比比皆是。

美国麦当劳、肯德基快餐店、星巴克咖啡

Dunkin Donuts 甜甜圈

店已经是路人皆知，美国东部知名甜甜圈店唐恩都乐（Dunkin Donuts）2017年开始入驻北京，连开多家分店。这些快餐店人均30—50元左右，这些国际连锁店是全球统一定价，比如一个甜甜圈在美国卖2美元，在中国卖汇率折后价约13元。美式店的定价也饶有趣味。如果你一个人走在美国街头小巷，突然饿了需要裹腹，又要赶时间又想省钱又想吃饱，单人份均价来看：唐恩都乐的甜甜圈约2美元，便利店三明治约3美元，街边热狗约4美元，星巴克咖啡甜点约5美元，麦当劳、肯德基等汉堡快餐店约7美元，达美乐披萨约9美元，越南米粉约10美元，中国盒饭约11美元。这些美式的甜甜圈和汉堡卖得便宜且能够吃饱，主要是单人分量虽少，但糖分多，热量高；这些高热高糖食物偶尔品尝一下尚可，为了健康还是少吃为好。

主张慢食、享受进食过程的法国菜与美国快餐节奏正相反。传统法国一餐算上前菜、甜点，主菜要5—10道，需要1—2小时吃完一餐，非常适合烛光晚宴。法国餐厅在京城久负盛名的当属"马克西姆"，该店开办于1983年，是改革开放后北京"第一家中外合资的西餐厅"，主营法式大餐。开业以来，国家领导人曾在此接待过外国贵宾，美国前总统布什、法国前总统蓬皮杜的夫人等也都在此餐厅就过餐。这里因其开业初期一餐人均食价约为当时国人人均三个月的工资之和,在此就餐曾一度被视为一种身份的象征。随着国民收入的增长,越来越多的市民可以来此品尝法餐美味、观赏法式装潢。非常好吃的菜肴有鹅肝、奶油蘑菇汤、松茸蟹肉汤、鱼子酱三文鱼、黑胡椒牛脊排、餐前包、巧克力舒芙蕾。餐厅全天对外开放,搭配上就餐环境、菜品味道、菜样摆盘、精细服务,如今在京城价格并没有高得离谱,人均650元。还有一家近年新开设的,号称由米其林星级主厨掌勺的法国餐厅 AZUR 聚(香格里拉饭店),这里能品尝到顶级料理食材黑松露,主打菜肴有黑松露森林蘑菇奶油汤、法式顶级和牛牛排、法国吉拉多生蚝、藏红花奶油慕斯,人均消费约2500元。

在京有名的俄罗斯西餐厅当属"莫斯科餐厅",北京人多称为"老莫"。它位于北京展览馆建筑群,始建于1954年,是北京第一家对外开放的特级俄式西餐厅,这里不仅汇聚国内外各界名流,也曾是国家领导人设立国宴宴请外宾的重要场所。建筑风格气势恢宏,内部装饰华贵高雅,面向公众开放,是体验俄式异域情调的好去处。在电影《阳光灿烂的日子》里,主人公马小军和伙伴们在"老莫"纵情挥洒着青春。俄式美味有俄罗斯红菜汤、精品罐焖牛肉、俄式冷酸鱼、含羞草沙拉、俄式牛尾汤、列巴面包篮、格瓦斯,人均消费约300元。

另一家知名俄式餐馆是乌克兰口味的"基辅罗斯餐厅(翠微店)",菜品特色与俄式口味相近,特色菜肴有乌克兰红菜汤、罐焖牛肉、基辅沙拉、雅尔塔炒饭、总统肉排、伏特加烤牛肉串、基辅铁板扒牛排。最大的特色有来自乌克兰的多位演唱家晚餐现场为大家演唱民族风情民歌。人均230元。

德国美食少不了两样食材,一样是香肠,另一样就是啤酒。德式餐厅有"柏林时光(德国啤酒花园)",周末有自助,风味美食有德国式烤猪肘、香肠拼盘、德国田园烤薄饼、德国啤酒,晚餐现场有乐队驻唱，人均 100 元。还有一家申德勒码头餐厅（三里屯北小街店），烤猪肘、德式酸菜、咖喱香肠、奶油土豆香肠茸汤、什锦肉盘，人均 200 元。

还有很多国家的特色菜肴。比如英国风味：MustGuette 红邮筒餐厅（三里屯太古里店）人均 150 元；意大利风味：Opear-Bombana 餐厅人均 1500 元；西班牙风味：波尔塔 20 餐厅（工体总店）人均 500 元；比利时风味：莫劳龙玺餐厅（新中街店）人均 220 元；巴基斯坦风味：汗巴巴餐厅（三里屯 soho 店）人均 100 元；以色列风味：吧嗒饼餐厅人均 120 元；阿根廷风味：阿根廷庄园餐厅人均 300 元。

另外，还可以去综合类餐厅品尝世界各国代表性美食。比如提供美国、法国、新西兰新鲜生蚝刺身的 Oyster Talks 蚝吧（工体店）人均 1000 元。

由于有些国家的菜肴属于小众范围，也因为经营和其他原因，特色美食餐厅歇业的情况也时有发生，不过按餐饮业常说的那句"每天都有一家饭店关门，但每天又有一家饭店新开张"，这就是京城的美食业。

各式餐厅无法一一尽数。北京的宽广与包容，接纳来自世界各地的美味和来自世界各地的人，传统中一缕异域风情让人喜爱。可以说，您来北京后不用出国，也能在北京吃遍世界。

十、未来北京更可爱

　　纵览北京近年来的发展，京津冀一体化、创新创意文化产业、环城交通和地铁建设、迎接2022年的冬季奥运会等，体现出新北京、新气象。

　　北京的优点强项是写不完的。作为中国的首都和政治中心，北京是党和国家领导人工作和生活的地方，一直是新闻传媒的焦点及话题的中心。站在年轻人的立场上来思考和看待问题，不少人"北漂"来到北京，对这个地方的感情是错综复杂的，会受到其所处的境遇的影响而发生变化，他们眼中所看到的北京有可能并不像书本中、电视里所描述的那样理想。对于年轻人来讲，居北京，大不易，想说爱你不容易。因此我们一定要向大家展示一个真实的北京。这就是生活原本的样子，北京还需要建设，辩证地提提那些令人揪心的问题，实事求是的批评，切实中肯的建议，会使这本书更有说服力，更有分量。这世界因真实而美丽。另外也可以借此引起读者关注与讨论，并引导读者分享"爱自己家乡的理由"及其建设更美好家园的志气，这就是我们的期望。

十、未来北京更可爱

91. 京津冀的大格局

不远的将来以北京为中心会出现一个京津冀一体化的"首都经济圈",包括北京市、天津市以及河北省的雄安、保定、唐山、石家庄、邯郸、邢台、衡水、沧州、廊坊、秦皇岛、承德和张家口,涉及京津和河北省11个地级市和一个新区。区域面积约为21万多平方公里,人口总数为1.1亿多,其中外来人口1750余万。

"京津冀一体化发展"已于2014年从国家战略层面开始部署,出台了《京津冀协同发展规划纲要》,这是利国利民的良策。习近平总书记分别于2014年2月和2017年2月两次视察北京并发表重要讲话。他强调,实现京津冀协同发展是一个重大国家战略,要坚持优势互补、互利共赢、扎实推进,加快走出一条科学持续的协同发展路子。

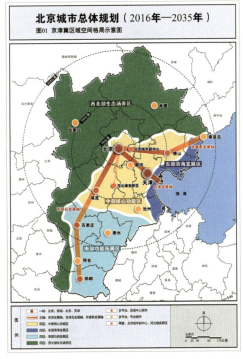

京津冀区域空间格局示意图
摘自《北京城市总体规划(2016年—2035年)》

2017年中央批复了《北京城市总体规划（2016年—2035年）》，规划坚持抓住疏解非首都功能这个"牛鼻子"，紧密对接京津冀协同发展战略，着眼于更广阔的空间来谋划首都的未来。

如何抓住疏解非首都功能这个"牛鼻子"？政府主要通过把北京打造为"一核一主一副、两轴多点一区"的城市空间来解决。

"一核"：首都功能核心区总面积约92.5平方公里。"一主"：中心城，即东城西城朝阳海淀丰台石景山城六区，约1378平方公里。"一副"：北京城市副中心，约155平方公里，北京市级党政机关和市属行政事业单位及其配套公共服务资源分批迁至通州新城。

"两轴"：南北中轴线、东西长安街线。中轴线是北至燕山山脉，向南延至北京大兴机场、永定河水系。长安街线是西至首钢地区、永定河水系、西山山脉，向东延至北京城市副中心和北运河、潮白河水系。"多点"：顺义大兴亦庄昌平房山新城5个区域，是承接中心城区适宜功能和人口疏解的重点地区。"一区"：生态涵养区，包括门头沟区、平谷区、怀柔区、密云区、延庆区，以及昌平区和房山区的山区，是北京的大氧吧。

2017年建立北京城市副中心示意图

藏于北京市规划展览馆

十、未来北京更可爱

如何推动"京津冀协同发展"？主要通过建设雄安新区、打造城市级群来推动京津冀一体化发展。

"建设雄安新区"是党中央的重要举措。雄安距北京、天津城区均约110公里、距石家庄约150公里，距离保定30公里，距离北京大兴机场55公里，地处京津冀交通圈的核心区内。雄安目前已有的高铁、客运、高速路、国省干线等，横向纵向路网都比较发达，可开发空间广阔。河北雄安新区的建设可以承担起京津冀交通枢纽的功能，与北京城市副中心一起承担京津冀协同发展的"两翼"。

打造城市级群，形成"一核、双城、三轴、四区、多节点"为骨架的城市网络空间。其中，"一核"指北京；"双城"是指北京、天津；"三轴"指的是京津冀、京保石、京唐秦三个发展轴；"四区"分别是中部核心功能、东部滨海、南部功能拓展、西北部生态涵养区；"多节点"包括石家庄、唐山、保定、邯郸等区域性中心城市和张家口等节点城市。

"京津冀一体化发展"涵盖多个方面。《京津冀交通协同发展计划》中提出"交通一体化"建设一环二航五港六放射，"一环"即首都经济圈环京高速走廊；"二航"是指首都国际机场和新建的北京大兴机场；"五港"是秦皇岛港、京唐港、曹妃甸港、天津港和黄骅港；"六放射"是指以北京为中心，分别向西北的京张（北京—张家口）、正东的京唐秦（北京—

高铁

唐山—秦皇岛)、东北的京承（北京—承德）、东南的京廊沧（北京—廊坊—沧州)、正南的京衡（北京—衡水)、西南的京石（北京—石家庄)，六个方向的放射运输通道。除此之外，京津冀一体化发展还包括物流一体化、产业园区一体化、环境一体化等多个维度。

京津冀的大格局是以首都为核心建设世界级城市群，京津冀一体化发展带来的好处数不清，除空气好了，还能为缓解北京房价高、交通堵、人口过多的"大城市病"等带来良好效果。

92. 城际铁路通八方

2016年11月28日,国家发展和改革委员会统一批复中国铁路总公司和北京市、天津市、河北省三地发改委关于《京津冀城际铁路网规划修编方案(2015—2030年)》,同意该规划设计以"京津、京保石、京唐秦"三大通道为主轴,到2020年,与既有路网共同连接区域所有地级及以上城市,基本实现京津石中心城区与周边城镇0.5—1小时通勤圈,京津保0.5—1小时交通圈。远期到2030年基本形成以"四纵四横一环"为骨架的城际铁路网络。

北京站题字

北京南站:高铁让出行更便利

爱上北京的100个理由

2017年4月1日，中共中央、国务院印发通知，决定设立国家级新区河北雄安新区。这项国家大事对于集中疏解北京非首都功能，调整优化京津冀城市布局和空间结构，具有重大现实意义。它也推动了京津冀地区城际铁路的建设步伐。

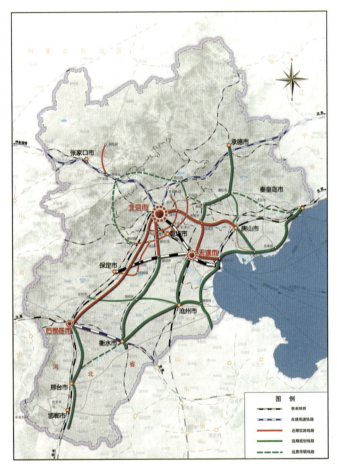

京津冀地区城际铁路网规划示意图

此前鲜有报道的"环北京城际铁路"根据国家发改委批复的大致走向，途经北京市的平谷区，河北省香河、武清北、廊坊，北京大兴机场，河北的固安、涿州、怀来，过北京的延庆，至密云，从而在北京外围画出一个圆，成为京津冀城际铁路网中的"一环"。

不过，城际铁路网这一环将分三期实施完成。第一期，2020年先期建设完成，分为两段：一段为环北京城际铁路河北廊坊至北京平谷段共88公里，该段经香河与京唐城际铁路相连；另一段为从河北廊坊、经固安至涿州段共65公里。第二期，从北京市的平谷到密云一段在2030年远期建设。第三期，所剩环城线经过河北省涿州、怀来到北京密云的铁路，则安排在2050年远景建设。

在这"一环"的内侧，还有一条"首都机场至北京大兴机场城际铁路联络线"，分为两支：一支为首都机场，过张辛、通州区、大兴区亦庄、大兴机场至京冀界，另一支为北京大兴区亦庄、黄村，房山区良乡；两支全长共160公里，已于2020年建成。

城际铁路网络更是让北京通往四面八方。东面，"京唐"城际经北京通州站，途经天津市宝坻区，至河北省唐山站；此段北京至唐山铁路到2020年先期建设，共长149公里。至2030年将东延至终点站曹妃甸。

南面，"京霸"城际自北京引出，经北京大兴区黄村、大兴机场，至河北省霸州，这段北京至霸州铁路共计78公里，于2020年建成。远期规划"京霸"城际往南延至河北衡水。

西南面，"京石"城际沿既有京广线，于2020年建成途经北京房山区良乡，直达河北省石家庄的城际铁路，全程293公里；至2050年往南延至河北邢台。

北面，远期规划从河北承德，过遵化、天津蓟州区，与"京唐"城际交汇于天津宝坻区，再与"京滨"城际交汇天津，往南至河北沧州市。天津区域内的纵横铁路率先动工，已于2020年率先建成，其中北京至天津滨海新区铁路总长171.74公里。

截至2021年8月，京津冀地区城际铁路共4条线路，运营线路1条,在建线路两条,规划线路1条,53公里长的京张城际铁路崇礼段支线,设计速度250公里/小时。2019年开通运营。廊涿城际铁路全长102.33公里,设站5座,已开工。石衡沧港城际铁路全长333.81公里,设站11座,最高设计时速250公里/小时,预计2023年建成。

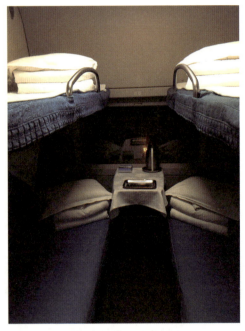

越来越舒适的火车卧铺

可以看出,不久的将来,北京将初步建成现代化综合交通运输体系,百姓的出行和生活将更加便捷。

四通八达的北京将会改善交通现状,越来越多地提升居民的幸福感。

十、未来北京更可爱

93. 创业孵化中关村

中关村一直被誉为"中国的硅谷",它是无数互联网和信息技术人心目中的朝圣之地,催生了无数的数字英雄和互联网传奇。

中关村也是学府书香的聚集之地。它的周边有着全国顶级的三所高等学府:北京大学、清华大学、中国人民大学;北京市的重点中学:人大附中、101中学、北大附中、清华附中、中关村中学;还有北京市重点小学:中关村一小、中关村三小、中关村二小、人大附小、北大附小、清华附小。中关村西区核心位置原是海淀图书城,建成于20世纪末,聚集了新华书店、中国书店,还有一批民营小书店,曾是周边学校师生、读书人来此选书、淘书、购书的绝佳场所。在电商还没

中关村创业大街

有出现前,这里曾上演过民营大型书店"第三极书店"与国有新华书店的价格大战,导致海淀图书城里不少独立小书店"香消玉殒"。

但在近几年网络IT电商图书价格战的冲击下,面对只涨不跌的房屋租金成本,实体书店纷纷应声倒闭,民营大型书店"第三极书店"也是昙花一现,海淀图书城里的小书店,昊海楼里的书

店小铺子也陆续关掉。21世纪初，这条曾经人声鼎沸的书店一条街日渐凋敝。

后来，在这条老街上，开设了一家有创意的"车库咖啡"。在这家咖啡馆，创业者只需每人每天点一杯咖啡就可以享用一天的免费开放式办公环境，同时还有机会获得天使投资的青睐。车库咖啡创始人苏菂指出："车库咖啡最有价值的地方并不是给创业者提供办公场地，也不是举办活动，而是聚集起了创业者社群。"

随着创业呼声高涨，此后，3W咖啡、雕刻时光、言几又今日阅读（书店与咖啡店同处一室）、Binggo咖啡……遍布街区的创业咖啡成为这条大街的独特风景。越来越多的年轻创业者聚集在这里，这里有寻找资金的创业者，也有找项目的投资人，这里不仅是年轻人的想法落地处，还是资深创业者的江湖。

3W咖啡孵化器

雕刻时光咖啡馆

这些咖啡馆将创业者聚集在一起，衍生的"咖啡厅创业文化"在中关村以创新创业的面貌呈现出来。至2015年，海淀图书城再次找到新的活力点，彻底转型升级为时尚创业街区"中关村创业大街"。

如今，"中关村创业大街"已是京城小有名气的创业"南街"，这里延续原海淀图书城的优越地理位置，北临北四环，西靠苏州街，是中关村西区核心位置，交通便利。

十、未来北京更可爱

言几又今日阅读

洛可可创新孵化

"南街"作为创新企业的孵化器,重点打造"创业投融资、创业展示"两大核心功能,以及"创业交流、创业会客厅、创业媒体、专业孵化、创业培训"五大重点功能。这里除了创业咖啡店的聚集,还吸引了诸如股权众筹平台"因果树"、整合产业链资源的"JD+"、工业设计创新平台"洛可可"等一批孵化新机构,共同带动大企业资源、金融资本注入到创新创业活动中。

创业会客厅

随着移动互联网的发展,创业的门槛不断降低,越来越多的年轻人投身到创业热潮中,"南街"也成为青年人在北京创业首选的聚集之地。

爱上北京的100个理由

94. 大众创新来北湾

"南街北湾"是北京市海淀区中关村核心区域近些年的一项规划，南街是已经小有名气的中关村创业大街，而北湾是以科学研究和技术创新创业为主、市场化手段为支撑的"硬创业"聚集区，被称作"北京创新创业湾"。

北湾地处北京市海淀区西北六环，稻香湖路以西、三里庄路以南，由稻香湖公园引出一条蜿蜒的小河，在河的南岸，黑白色相间的高楼就是北湾所在。与南街上"抱台笔记本电脑就能创业"的情形不同，北湾以原创、硬科技为主。吸引的产业主要是高端装备、智能硬件互联网、新能源互联网、新材料、环保节能、生物医药、科技服务业。

2015年10月，"大气治理协同创新中心"最先搬进北京创新创业湾。随后，由北大、清华、中科大、北航、北理工、农大、中科院等13家科研单位和商飞、潍柴、美亚柏科等70多家高科技企业联合成立的北京协同创新研究院，也进驻北京创新创业湾。

北京协同创新研究院

北京创新创业湾具有两大特色。一是"硬科技"创业孵化。这也是北湾最大的特色，提供足够的空间与硬件实验条件给创业研发团队，便于做出成型的样品。北湾吸引的主要涉及仿真与设计、智能机器人、先进制造、智能电网、水处理、节能减排、信息安全、遥感、食品科学与工程等高科技项目。二是以市场化机制创新为手段，促进创新创业。以首批进驻的北京协同创新研究院为例，该研究院将以科学研究成果吸引创业团队竞标参与，入选团队按规定比例出资创业，促进成果转化落地。

气体污染立体防控系统模型

未来，北湾在加快科研成果转化落地的同时，也将提供更多就业岗位和创业空间。可以说，南街和北湾都是年轻人在北京追逐实现梦想的创业首选之地。

爱上北京的 100 个理由

95. 数字出版科技范

"北京国家数字出版基地"位于丰台区花乡,坐落在西南四环与五环之间,是丰台区"一轴两带四区"产业布局的重要节点,已经建成的地铁 16 号线穿越而过。基地四周绿树环绕,北边是榆树庄村生态公园,南边是榆树庄村郊野公园,西侧为规划生态绿地,东侧为看丹郊野公园。

紧邻基地的生态公园

国家级数字出版产业基地

国家数字出版基地规划区域为榆树庄村,占地 3.6 平方千米,其中核心区规划建筑面积为 71 万平方米,生活功能 74 万平方米、城市功能 32 万平方米。

全国在上海、重庆、广东深圳、陕西西安等城市共建设有 13 家国家级数字出版产业基地,北京国家数字出版基地是北京地区唯一的国家级基地,重点发展电子图书、数字视频、网游动漫和网络教育等产业。

该基地至 2017 年 11 月,入驻企业包括北京国学时代、北京典策时光、国学网、北青国数等公司。另外,还包括元典方策围棋会馆、首都师范大学数字文献学实习基地、北京印刷学院数字出版人才培养基地等。

北京印刷学院新闻出版学院教师带领数字出版专业大学生至基地调研

和其他地区数字出版基地相比，北京建设国家级数字出版基地拥有后发优势。北京市拥有全国最多的出版机构，最丰富的出版资源，顶尖的出版人才和最活跃的出版市场。作为全国文化中心，北京的图书出版单位、报刊种类、音像出版机构分别占全国的41%、30%、43%。北京市的数字出版产业总值在不断增加，已经达到全国比重的20%，走在全国前列，成为首都经济新的增长点。

北京国家数字出版基地搭建数字出版科研、版权交易、信息共享等资源平台，它最大的特点是对入驻基地符合条件的企业，将优先支持其申报互联网出版许可证，出版业改革政策先行先试。在"书香中国"的浸润下，全民阅读引起了越来越多的关注。北京国家数字出版基地已经为北京提供了更多的文化气息。

爱上北京的 100 个理由

96. 奥运鸟巢新名片

2015年7月31日,国际奥林匹克委员会第128次全会在吉隆坡举行,宣布北京赢得2022年第二十四届冬季奥林匹克运动会的举办权。至此,北京成为奥运史上第一个举办夏季奥林匹克运动会和冬季奥林匹克运动会的城市。搜罗脑海中关于北京的记忆,2008年8月夏季奥运会是浓墨重彩的一笔。畅想北京的未来,奥运风从鸟巢吹到张家口,充满了体育精神与时代精神。

鸟巢

时光回溯到2008年奥运会,在北京北四环与中轴线交点的东北方,有一座特别的建筑,远远看去就像用树枝纵横交错地编织起来的鸟巢,那就是举世闻名的中国国家体育场,北京2008年奥林匹克运动会的主场馆。

也许人们都还记得2008年惊艳全世界的奥运会开幕式。那场在鸟巢里举行的盛大开幕式,刷新了人类体育史上波澜壮阔的记录,特别是闪耀在鸟巢夜空上的盛大焰火,简直可以说是点亮了中国乃至整个世界的双眼。

鸟巢的位置坐落在奥林匹克公园建筑群的中央。其地势略微隆起,如同巨大的容器,装载着"更高、更远、更强"的奥林匹克精神,高低起伏带有波动感的基座,缓和了容器的巨大体量,正好强化了富有戏剧性的弧形外观,显得圆润而又美丽。

奥林匹克公园地处北京市中轴线北端,公园南区、中心区是主要场馆和配套设施建设区,北区是680公顷的森林公园。奥林匹克公园保留下来的主要奥运竞技场馆包括:8万人国家体育场(2008年奥运期间承担奥运会、残奥会开闭幕式,田径比赛及足球比赛决赛)、1.8万人国家体育馆(又称折扇,奥运期间主要承担竞技体操、蹦床和手球比赛项目)、1.5万人国家游泳中心(又称水立方,承担游泳、跳水、花样游泳、水球等比赛)等。

水立方

整个公园包括亚洲最大的城区人工水系、亚洲最大的城市绿化景观、世界最开阔的步行广场、亚洲最长的地下交通环廊,集中体现了"科技、绿色、人文"三大理念。其中,森林公园是市民休闲散步的好场所,而下沉花园也是游客们逛公园累了,尝尝老北京小吃的不错去处。

鸟巢夜景

虽然2008年北京奥运会的火炬早已熄灭,那光彩夺目的时光已成为绚烂的历史。但是,2022年冬奥会又要来了。冬奥会的开、闭幕式都将在鸟巢举行,而张家口的奥运会场馆建设也在如火如荼地进行。与北京联手申办冬奥会,让充满魅力的张家口再次站到了聚光灯下。此次申办成功,不仅是北京这位老大哥和周边兄弟城市的首次深度联手,而且让张家口这个历史上著名的塞外山城一下子跃上了国际舞台。作为申办2022年冬奥会雪上项目赛场所在地,张家口市崇礼的滑雪产业迅速发展,白雪与蓝天为这座城市带来了大量的人气。

为了保障冬奥会的顺利开展,京张地区加快现代化交通运输体系的建设,从高速公路到京张铁路,未来的京张地区将会更加四通八达,与之相伴的旅游业与服务业也会迎来发展的黄金时期。

美联社记者斯蒂芬·威尔森指出,"在国际奥委会看来,北京携手张家口举办 2022 年冬奥会是一个安全、可靠的选择，带动 3 亿民众参与冰雪运动的承诺也将催生一个巨大的冰雪产业市场"。

梦想从这里起航

从夏天到冬天，从鸟巢到张家口，北京正以更加自信包容的姿态走向国际舞台。奥运梦想从这里起航，奥运让世界可以听到更多北京的声音。

爱上北京的100个理由

97. 动脉地铁密如网

北京地铁不说是世界地铁史上的一个奇迹，也是一个创举。北京地铁的历史没有伦敦、纽约地铁那样长久，但从1965年第一条地铁工程动工，经过50多年的快速发展，截至2020年12月底，形成24条运营线路、727公里运营里程、64座换乘车站密如织网的城市"动脉"。

北京地铁系统由两家公司运营。一家是北京市地铁运营有限公司，为大型国有独资企业，2019年下辖运营线路共计16条（其中包括1号线、2号线、5号线、6号线、7号线、8号线、9号线、10号线、13号线、15号线、八通线、机场线、房山线、昌平线、亦庄线）、S1线。另一家是2006年成立的北京京港地铁有限公司，为外资合作经营企业，负责运营地铁4号线、大兴线、14号线及16号线，特许经营期均为30年。

北京地铁站

随着北京地铁网络日趋密集、换乘站点日益增多、地铁设施日新月异，快捷保证出行时间的地铁交通越来越成为市民出行的首选交通工具。据北京地铁官方披露数据显示：2017 年北京地铁所辖 15 条线，全年共运送乘客 45.3 亿人次，日均客流 1241.1 万人次，单日最高客运量 1327.46 万人次。

北京地铁的线路有着自己的特色。如北京地铁 4 号线是文化之线，北有颐和园、圆明园和北京大学、清华大学、中国人民大学站，中有国家图书馆和动物园、西单、菜市口、陶然亭站，向南有北京南站、北京印刷学院（清源路站）、北京生物医药基地（天宫院站）等，这条地下流动的北京大动脉，把代表北京文化源泉的一些著名文化景点与我国高等学府有机地串联起来。

北京地铁东直门站

北京地铁的站名也饶有趣味，充满着吸引力。像宣武门，德胜门，金台夕照……每个站名背后都有着动人的故事。说到车公庄，最流行的说法是，这个村曾叫"车轱辘庄"，但由于"轱辘"的发音与"公"类似，人们就把它演化为车公庄。而积水潭的站名，传说这个地方曾为沼泽和湖泊，元朝时，修建了一条此地连

接颐和园昆明湖的水渠，造成水流积聚于此，就定名为积水潭了。东直门站也是机场快线接驳站，自元朝至今依然是京畿重要交通枢纽，它的具体故事可以看本书关于四九城门一篇的详细介绍。

北京地铁积水潭站

北京地铁站点内部装修装饰的布置上浓缩了老北京的特色，京味十足。比如西单站，当你乘坐扶梯下行时，你可以看到头顶的墙上有很多块老字号商家的牌子"瑞蚨祥""内联升""六必居"等，配上古典味的图片，构成了独一无二的北京"范儿"。老北京的西单是商贾林立的地方，如今更是前沿时尚的商业街。这一站台下的装饰墙，既浓缩了西单的商业景象，又简单精致地展现了北京古韵，成了行色匆匆的乘客眼里的一道风景线。

北京地铁买票的刷卡方式也是越来越便利。2017年9月，北京机场线率先实现刷二维码进出站，同年11月北京地铁推出手机一卡通、全线支持刷手机乘车。

如今，北京地铁，密如织网，四通八达，这地下流动的大动脉，延续着这个古老的城市人文和地理血脉，承载着每一位乘客每一天奋斗的梦想。

十、未来北京更可爱

地铁站内人头攒动

人多，忙碌，流动，南来北往，川流不息。这是北京地铁跳动的音符，也是北京繁华世界的节奏。

或许，正是这种忙碌和拥挤，才构成了现代都市涌动的节奏。

或许，正是这美丽的城市地下动脉，正永不疲倦地变换着北京流动的风景。

凡来北京的人，乘坐一下地铁吧，这里有着古老而又年轻的脉动……

98. 文化产业展新翅

北京的文化产业古已有之。像琉璃厂、景泰蓝、古玩、玉器、文房四宝,还包括京剧、天桥、庙会等,实际上都是古代的"文化产业"。北京不仅有着浓郁的传统文化,还有着发达的现代文化产业。北京的文化产业在全国占据着十分重要的位置。

北京文化产业从传统走向新时代

文化产业是指以文化为核心内容的产业,包括期刊出版、电影、文化创意、图书出版、动漫游戏等方面。进入 21 世纪,北京文化产业开始快速发展。2014 年文化产业成为首都经济中仅次于金融业的第二大支柱产业,其中期刊出版种类占到全国的 30.6%。2015 年文化产业中的电影票房排名全国第一,收入达 31.5 亿元。2017 年北京市共有出版社 239 家,占全国的 40.85%,

输出版权快速增加到 5554 项。2018 年北京动漫游戏原创出口大幅增长，达到 182.47 亿元。2018 年底北京文化产业居于全国首位。

2018 年全国消费对经济增长的贡献率已达 76.2%，恩格尔系数降至 28.4%。国民的文化需求已从社会消费的边缘移位至消费中心。消费需求的变化势必引起产品与服务等经济结构的调整，要提升其中的科技含量和文化含量，才能满足人民日益增长的新的消费需求。2019 年精神文化需求已转向"好不好，精不精"这种对结构和质量提出更高要求的文化品质消费时代。

发展文化产业，北京除了传统的优势外，还有人才与政策的优势。在人才上，北京是全国高等学校最集中、教育水平最高的地区，它也汇聚了来自全国各地各行各业的人才，其中相当一部分是文化人才。人才的汇聚为文化产业的发展提供了强大的动力。

在政策方面，北京市委市政府明确提出"要充分利用北京丰富的文化资源和人才资源，大力发展文化产业，使其成为北京的支柱产业之一，使北京成为全国的文化产业基地"。中央对《北京城市总体规划（2016 年—2035 年）》批复中同意北京四个定位之一就是文化中心，可见北京的全国文化中心地位有望得到进一步强化。

在"大众创业、万众创新"的宏观大背景下，疏解了非首都功能的北京随后的重点发展方向，为文化产业的融合发展提供了全新的机遇。文化产业与其他产业的融合，国有文化企业的改革，文化企业员工持股、职业经理人制度的试点，将带给人们更多想象的空间，也为热爱北京的年轻人提供另一个在北京打拼的理由。

爱上北京的100个理由

99. 想说爱"北"不容易

北京之大,大得我们难以想象,有天安门广场的辽阔,有万里长城的壮美,也有颐和园的惬意。然而,大北京,想说爱你不容易。

首先,不得不想起一个令人心慌的词汇——雾霾,这是近些年来出现的一个现象。在网上,人们调侃式地把清华大学校训"自强不息,厚德载物"改写成了"自强不'吸',厚德载'雾'"。雾霾,竟然成了北京空气的一个符号。

雾霾下的白天交通

简单地说,雾霾是一种严重的大气污染。雾霾的组成部分是人类活动排放的大量细微颗粒物(PM2.5),是雾和霾的混合。北京雾霾天,短一点一两天,长的话可以持续一个星期。雾霾天里,一片苍茫,远处的高楼若隐若现,仿佛海市蜃楼那样,缥缈又神秘。站在同一位置对比,晴天里高楼林立,雾霾天则是一片灰蒙,所有矗立的高大建筑物就像被橡皮擦擦掉了,不留痕迹。一般这样的天气,街上人烟稀少,到站的公交车匆匆停靠,然后又迅即离开,很快就消失在灰蒙的迷雾里。

这样的天,这样的地,这样的雾霾,叫我们如何去爱呢?很多人见到此状，纷纷叫嚷着要逃离。

除了雾霾，北京还存在另外一些令人揪心的问题：如：水资源短缺、交通拥堵；实体书店本来很多，但是现在越来越少；还有日益膨胀的人口，难以处理的

雾霾下晨练的人们

垃圾，特别是令人咂舌、望而生畏的高房价等。不少人"北漂"来到北京，对这个地方的感情是错综复杂的。他们眼中所看到的北京并不像书本中、电视里所描述的那样理想和完美。特别对前来闯世界的年轻人来讲，居北京，大不易，想说爱"北"不容易。

凌晨2点红灯路口依然有不少车辆

然而，作为全中国的政治中心和文化中心，北京是党和国家领导人工作、生活的地方。这是被写入宪法的中国的首都，这是每个北京人的家，也是全中国的老百姓都关注的地方。人们爱它，爱它的历史，爱它的古都韵味，爱它的繁华，也爱它的美。真实的北京原本就是一个多面体，这世界因其真实而更显美丽。实事求是地讲心里话：北京即便存在这样那样的问题，依然是很多很多人心中向往的圣地！

想说爱你不容易,还有一层含义就是不能坐享其成,要为北京作贡献。正是因为还存在这些困难和问题,才需要每一个身在北京的人去解决、拼搏和建设。比如通过大力倡导绿色出行,加大治理环境污染投入,采取多种措施应对气候变化等。北京空气优良达标的天数在一年年增加,希望记忆中的"奥运蓝"和"APEC蓝"会再次成为北京最本真的新常态。其他问题也在解决与好转之中。

深夜两点半高速收费站依然有不少车辆行驶

随着《北京城市总体规划(2016年—2035年)》的发布实施和京津冀协同发展与共同管治相关政策逐步出台与落实,北京在建设宜居城市的道路上昂首前行。以2016年至2018年三年的数据来看,衡量空气质量好坏的几个维度,全年平均浓度每立方米中含:二氧化硫(SO_2)从10微克降到8微克又降到6微克;二氧化氮(NO_2)从48微克减到46微克又减到42微克;可吸入颗粒物PM10从92微克降到84微克再降至78微克;细颗粒物PM2.5从73微克(2016年比2015年同比下降9.9%)降到58微克(2017年同比下降20.5%)再降到51微克(2018年同比下降12.1%),北京聚焦"细颗粒物即PM2.5"的治理,在减压燃煤、严格控车、调整产业等方面采取重大举措,实现了北京空气质量明显改善。北京市民最直观的感受就是优良天数从2016年全年198天显著增加到2017年的226天和2018年的227天。

治理还在继续,雾霾还有反复。进入秋季,北京周边气象板块大气污染扩散条件变差时北京又会出现重污染天气。重污染日从 2016 年的 39 天，减少到 2017 年的 23 天和 2018 年的 11 天。2019 年前 8 个月，北京全市空气中细颗粒物 PM2.5 累计浓度为每立方米 42 微克，这与国际标准仍有不小差距。自从世界卫生组织(以下简称世卫组织) 2005 年发布第一次全球空气质量更新以来，关于空气污染对健康各个方面产生影响的证据数量显著增加。因此，世卫组织对累积的证据进行系统审查后，下调了《空气质量指南 2005》（AQ2005）中的几乎所有参考指标。2021 年 9 月世卫组织在公布的《全球空气质量指南》（AQG2021）中，公布的健康空气标准，PM2.5 标准值应小于 5 微克/立方米，PM10 标准值小于 10 微克/立方米。

然而，对于每一个生活在北京的人来说，你所站立的地方，就是你的北京。你怎样，北京就是怎样。只要你心中有爱，北京就会张开她的怀抱。相信明天的北京在我们的努力之下，一定会更加美好，绽放出无限的生机。

100. 未来北京,你续写

爱北京的理由岂止这几十条,一百条。

每个人都有自己的理由,请你们——读者们——继续写下去……

读者们可以把自己认为的理由发送给作者 yicaitian2002@163.com

参 考 文 献

1. （明）刘侗，于奕正. 帝京景物略. 北京古籍出版社，1983.
2. （明）张爵. 京师五城坊巷胡同集. 北京古籍出版社，1982.
3. 赵润星，杨宝生. 潭柘寺. 北京燕山出版社，1986.
4. 章诒和. 一阵风，留下了千古绝唱. 长江文艺出版社，2004.
5. 张胜友，蒋和欣. 中华百年经典散文. 吾国吾民卷. 作家出版社，2004.
6. 周岩. 我与中国书店. 河北教育出版社，2004.
7. 冯春龙. 中国近代十大出版家. 广陵书社，2005.
8. 侯金. 七嘴八舌侯家事儿. 中华书局，2008.
9. 上海鲁迅纪念馆. 郑振铎纪念集. 上海社会科学院出版社，2008.
10. 张仁忠. 北京史（插图本）. 北京大学出版社，2009.
11. 段柄仁. 北京京剧百科全书. 京华出版社，2011.
12. 余从. 中国京剧百科全书. 中国大百科全书出版社，2011.
13. 王文章，吴江. 中国京剧艺术百科全书. 中央编译出版社，2011.
14. Rerelic 编委会. 数字化视野下的圆明园. 中西书局，2011.
15. 吴伯娅. 圆明园史话. 社会科学文献出版社，2012.
16. 窦欣平. 像史学家一样逛北京. 北京燕山出版社，2012.
17. 百年中华（1912—2012 中华书局创建一百周年纪念）. 中华书局，2012.
18. 王建辉. 教育与出版——陆费逵研究. 中华书局，2012.
19. 李光. 地道小吃·北京小吃. 化学工业出版社，2012.
20. 刘青. 爱上北大的 100 个理由. 北京大学出版社，2012.
21. 罗哲文. 北京历史文化. 北京大学出版社，2004.
22. 陈光中. 走读京城角落. 生活·读书·新知三联书店，2013.
23. 中国古钟之王. 新闻与写作，1990（06）.
24. 徐时仪. 历史名刹法源寺. 中国典籍与文化，1994（03）.

25. 严元俊，孙莉. 百年老字号稻香村. 对外大传播，1999（01）.
26. 李敖，虞约. 北京法源寺. 太湖，2000（05）.
27. 高巍. 居庸叠翠：守护京师的北门锁匙. 纵横，2002（10）.
28. 高巍. 燕京八景之琼岛春阴. 纵横，2002（07）.
29. 宋德均，常瑛. 千年古刹红螺寺. 北京档案，2007（01）.
30. 熊坤静. 老舍的北京情结. 文史春秋，2009（03）.
31. 舒乙. 丹柿百花小院. 北京观察，2009（04）.
32. 路璐，徐晶. 二锅头、酒久醇香润京城. 北京纪事，2010（06）.
33. 谌丽，张文忠. 历史街区地方文化的变迁与重塑——以北京什刹海为例. 地理科学进展，2010（06）.
34. 陈蓉. 马三立找婚房，忽悠了一座北京城. 文史博览，2011（11）.
35. 王福梅. 明皇室与北京洪恩灵济宫. 中国道教，2012（02）.
36. 黄彪，陈拓，刘晓明. 北方第一佛寺——红螺寺园林艺术特征初探. 农业科技与信息（现代园林），2013（08）.
37. 中田源次郎. 法源寺考. 释悟灯译. 佛学研究，2013（总22）.
38. 王慧儒. 从几件实物看北京潭柘寺恶霸地主的罪行和人民的斗争. 文物，1965（03）.
39. 康健. 京都第一寺——潭柘寺. 北京档案，2016（01）.
40. 张云涛. 潭柘寺始建之辨析. 北京学研究文集，2010（05）.
41. 张广林，马丹. 中国伊斯兰建筑之美——记北京牛街礼拜寺. 中国宗教，2015（06）.
42. 李竞群，王旭东. 北京法海寺明代壁画赏析. 春秋，2010（02）.
43. 聂崇正. 临摹法海寺壁画杂忆. 紫禁城，2007（05）.
44. 舒乙，陈翰. 最美的就在这儿——法海寺. 紫禁城，2007（01）.
45. 赵兰英. 北京宣武门教堂隆重举行大圣若瑟瞻礼. 中国天主教，2011（02）.
46. 赵建敏. 祭利玛窦文作于利公升天四百周年之故地宣武门南堂. 中国天主教，2010（03）.
47. 周润年. 北京雍和宫御制《喇嘛说》碑文校录考诠. 西藏研究，1991（03）.
48. 常少如. 京都名刹雍和宫 中国宗教，1996（01）.
49. 游文. 雍和宫里的"三绝". 风景名胜，1999（12）.
50. 王宝光. 北京寺庙印象. 紫禁城 1996（02）.

51. 王岗. 北京地方志中的寺庙资料述略. 北京社会科学，2012（01）.

52. 肖东发. 关于北京学和北大文化的研究. 河北广播电视大学学报，2014（01）.

53. 韩昌凯. 潭柘寺牌楼重修记. 古建园林技术，1985（03）.

54. 徐蟋. 潭柘寺谋财命案侦破记. 北京纪事，1994（11）.

55. 刘哲. 论北京明清时期寺庙园林的造园艺术——以潭柘寺为例. 北京农业，2012（04）.

56. 王筱芳. 火烧潭柘寺水淹北京城. 北京档案，1998（08）.

57. 马耀. 牛街礼拜寺创建1000周年. 回族研究，1996（04）.

58. 法尊法师圆寂——中国佛教协会在法源寺举行追悼法会. 法音，1981，01.

59. 王闿运. 法源寺留春会宴集序. 船山学报，1937（02）.

60. 金申. 法源寺藏康熙御笔"存诚"匾. 紫禁城，1987（02）.

61. 师永祥. 云居寺国宝蒙难记. 北京纪事，2016（06）.

62. 林元白. 房山云居寺塔和石经. 文物，1961（21）.

63. 梦非. 净土敬土静土——记就北巨刹红螺寺. 民族文学，1999（09）.

64. 席建超，葛全胜，成升魁，刘浩龙. 符号吸引理论与旅游资源发展模式的实证分析——以雍和宫为例. 资源科学，2006（03）.

65. 杨宗荣. 香山碧云寺的孙中山先生纪念堂和衣冠塚. 文物参考资料，1956（11）.

66. 北京市规划和国土资源管理委员会. 北京城市总体规划（2016年—2035年）. 北京市人民政府发布，2017，09.

67. 王荣湟. 明末将领袁崇焕家庭考实. 历史档案，2016（02）.

68. 闵杰. 未来雄安交通：避免大城市病 不摊大饼、不建环路. 中国新闻周刊，2017（10）.

69. 李喜云. 徐悲鸿纪念馆新馆建设思考. 北京文博文丛，2014（02）.

70. 何锦奋. 袁崇焕研究文献综述. 图书馆界，2011（01）.

跋

说到本书的缘起,就不得不从本书的策划、序言作者肖东发先生谈起。

肖先生对古都的情怀,要追溯到20世纪70年代他考入北京大学后聆听的第一门课。早在50年代,我国著名历史地理学家侯仁之先生开设的通识教育课,讲授北京和北京大学的历史、文化和风土人情。侯先生师从著名历史学泰斗洪煨莲(洪业)和历史民俗学泰斗顾颉刚两位大师,习得一身上乘功力,每每讲课都让学生听得如痴如醉。再加上侯仁之先生的人格魅力,深深地影响了年轻的肖东发先生。从那以后,研究北京和北大就成了肖先生毕生的兴趣。

在北京城市建设快速发展的同时,北京胡同、老北京手艺等也在不断消失。为了保护北京古都风貌与传统文化,肖先生带着他的学生们身体力行做了多项工作:积极参加政府举办的"三山五园"研讨会;发表《传承与发展:研究北京文化的意义》《保护古都北京》等文章;在北京大学开设全校通选课"北京风物与传统文化",该课连续多年被北京大学本科学生评选为"北京大学十大热门通选课"之一。他呼吁保护北京古都风貌,传承北京传统文化精神。

现在的北京存在交通拥挤、空气污染、房价高企等各种问题。正是因为有这么多的问题,才更需要激发青年才俊的热情,才更需要依靠未来的栋梁之才去关爱北京、去探寻解决问题的办法。

因为,北京不仅仅是北京人的北京,或是在北京生活的人的北京，而且是全中国人民的北京、全中国人民的首都。

策划出版《爱上北京的 100 个理由》这本书，就是为了让更多的读者、更多的青年了解首都，激发起年轻人对北京、对国家、对中华传统文化的热爱。

2010 年编写此书时的最初安排是：我担任本书主编，姚逸云、方日金担任副主编。我们的任务一是要分别承担 2 个章节的撰写和部分章节的编稿、审稿、校对工作；二是要从多届学生的作业中，筛选出优秀的作品，然后找到原作者进行完善和二次创作。编书的初衷，是编一本学生的作品集，初期的编辑过程也很顺畅。

那时负责本书工作的我，在确立选题当年，正奔波在毕业、就业、竞岗、考核等一系列谋求自身经济独立的道路上；而这份属于"诗和远方"的作品就常被日常工作压下。之后我赴美国哈佛大学和塞勒姆州立大学进修期间，两位副主编也相继毕业，分别忙于各自的事业和创业，本书就由编委王雨濛和沈於婕继续跟进修订。

我回国后，又审校了几次书稿，至 2016 年初即将交付出版社，没想到天有不测风云！

4 月 15 日，肖先生因病突然离世。就如同贝多芬在创作《第九交响曲》时，还在计划创作"第十交响曲""第十一交响曲""第十二交响曲"，而宿命安排《第九交响曲》成为贝多芬最后一部交响曲。肖先生的生命乐章如同在曲调巅峰的音域，突然画上了休止符，生命戛然而止！

李卓群曾讲过一件小事：有一年，肖先生生病住院期间，仍对"北京风物与传统文化"一课念兹在兹，每天在打完点滴之后，会溜出医院，带着时任助教的她去细致考察附近的胡同和古迹，拍摄了大量照片，及时充实到课程讲义中去。

想到肖先生对这门课程的热爱，对北京、对中华传统文化的

跋

热爱,回望手中这本集子,突然觉得分量不够。我们应以更高的标准打磨作品来纪念导师。

我们又用了两年时间,精心打磨书稿,大幅增删六次,逐篇审读、逐段核查、逐条增删、逐图配文;力求书中所提,每一处史迹都要有调研的足迹,每一个故事都要进行溯源核实。

2016年孟夏至2018年孟夏,2018年孟夏至2019年孟夏,北京大学出版社的胡利国先生,又用了一年半时间精心审阅,逐页审核,逐字审校;力求书中所言,每一篇节没有赘语,每一段文字尽善尽美。

我们的多位作者用了几年时间,精心打造《爱上北京的100个理由》这本书,力求做到书中的100篇文章都能保证信息真实、史料详实、语言平实。

我们全心倾注书稿,力求把新品、精品呈现给亲爱的读者,用生动活泼的文风,带着读者领略北京这99处人文风物的美好和一个读者你的想象;同时,也将这风物背后隐藏的沉甸甸的历史故事,娓娓道给读者。

亲爱的读者,不管您是外地人还是新北京人,甚至包括老北京人,如果您能够阅读到此书的一些篇章,会许您会感觉到:

这地儿背后的故事我怎么不知道;
嘿,我天天打这儿过,
我怎么没发现这里有个好吃好玩的地方;
这么个不起眼的物件居然是件百年文物!

您若能有这种想法,作为作者的我们就深感欣慰了。

衣彩天
2018年4月15日初稿
2021年7月10日修订